Nonviolent Communication

親と子どもが心でつながる

「キリン語」の子育て

NVC

非暴力 コミュニケーション
ワークブック

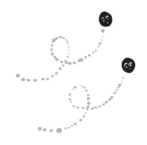

はじめに

子育てにも自分にも
自信をなくしたあなたへ

子育て、毎日、本当におつかれさまです。
今、あなたはどんな心境でこのワークブックを手に取っていますか。

子どもは素直で純粋で、心からかわいくて、日々の生活に喜びが満ちあふれていますか。それとも朝から晩までひと息つく暇もなく子どものお世話が続き、自分の時間が持てずにイライラを募らせていますか。

子どもといても、楽しくない。仕事をしていればなおさら心身ともにヘトヘト。全て中途半端で、不完全燃焼。あぁー自分の時間が欲しい。ほかの家庭がうらやましい、ねたましい。怒りやむなしさもこみ上げる。どんどん孤立していく。「なんで私は」「なんでうちの子は」「なんでうちの家庭は」。自分がみじめに思えたり、子育てに自信がなくなって落ち込んだり、子どもと接すること自体、憂鬱になってきたりする。

子育ての悩みがない人なんて、世界に一人もいないのではないでしょうか。だからあなたが悩んでいても、それはおかしいことでも、間違っていることでもない。悲しい、むなしい、途方に暮れる、自己嫌悪、罪悪感、不安、みじめ、疲れた、うんざり。子育ては実は、そんな感じたくない気持ちのオンパレードだったりもします。

そんな時は、ついつい子どもに向かって強い口調で言ってしまいます。「早くしなさい」「もう何やっているの？」「何回言ったらわかるの？」。歯止めがきかずに、かわいいはずの我が子にストレスをぶつけてしまいます。

たくさんの親が、どうしていいか途方に暮れて、助けを求めています。核家族化が進む中、「ワンオペ育児」という言葉も出てきました。エスカレートしてしまった挙句、幼児虐待のようないたたまれないニュースも後を絶ちません。

あぁー、夢に描いていた子育てのはずなのに。かわいい我が子のはずなのに。どうしたら理想の子育てができるのだろう。親としての自信や喜びを取り戻せるのだろう。誰か教えて！　子育てSOS！

NVCに救われた、私の子育て

よくわかります。以前の私がそうだったから。

娘を出産したのは、17年前。当時住んでいた神奈川県の海沿いの街は、実家も近くて地域のつながりも濃く、子育ては順調にスタートしました。でも娘が4歳の時、海外移住を決断し、パートナーとも別々の道を歩むことに。移住先の中米のコスタリカ共和国という異国の地で生活を築いていくのは、想像以上に大変でした。「なんであなたはいつもそうなの！」「そんなこともできないの？」「ママが頑張っているのに、なんで手伝ってくれないの？」。全てのストレスは娘に向かってしまっていました。

気持ちが落ち着くと、後悔や申し訳ない気持ちが立ち現れてきて、泣いて謝る始末。乱暴な言い方に娘は傷ついて自信を失っていくのでは、という

不安もありました。でも感情のコントロールがきかず、また繰り返してしまう。娘との関係は最悪、母としての自信もどん底でした。

なんとか抜け出さなければ。そんな時、NVC（エヌ・ヴィー・シー：Nonviolent Communication ＝「非暴力コミュニケーション」）を学ぶ2日間の集中講座に参加しました。「子育てにいいよ」と聞いていたので、藁にもすがる思いでした。

講座から帰宅して、学んだことを娘とのやりとりで、すぐに試してみました。すると、どうでしょう！　どうしても解消できなかった私のイライラは嘘のように緩和され、娘との対立も驚くほどスムーズに解消されたのです。これには、本当にびっくりしました。私の心の向け方、子どもへの声がけが変わるだけで！　NVC は魔法かもしれない!?　と感動したのを覚えています。

これは使える！　味をしめた私は、それ以降、国内外のトレーニングに参加したり、本を読んだり、子育てサークルを主宰したりして、学びと実践を続けてきました。

当時5歳だった娘は、今、17歳で、思春期真っ盛り。ティーンエイジャーとの関わりには、幼少期とはまた別のチャレンジが出てきます。それでも大切なことを本音で話し合い、心を通い合わせる関係性を築いています。私の子育ては、NVC なしでは考えられません。

未来を照らす「キリン語」の哲学

NVC は別名「キリン語」と呼ばれます。コミュニケーションの時にキ

リンのように長い首で全てを見渡すような広い視点を持つこと、大きなハートを保つように心がけることなどが、特徴としてあるからです。でもNVCは、単なる会話術ではありません。言葉のレトリックではないのです。私はNVCをより人生を素晴らしくするための哲学や思想、または生き方と捉えています。そしてまた、自分をよく知るためのツールとして活用しています。

継続してNVCを取り入れた人は、口をそろえて「子育てが楽しくなった」「子どもとの関係がびっくりするぐらい改善された」「自分自身が親として本当は何を望んでいるのか、理解できるようになった」と言います。子育てに限らず、自分を取り囲む人間関係がストレス・フリーになると同時に、自分自身との関係が深まっていく実感があるようです。

人類の存続自体も危ぶまれるほど暗いニュースが続く中、NVCというコミュニケーション言語と意識は、一筋の光のように未来を明るく照らしてくれます。

コミュニケーションをしない人は、一人もいません。コミュニケーションが変わると、人間関係が変わる。人間関係が変わると、人生が変わる。一人一人の人生が変わると、社会も世界も変わります。大げさかもしれませんが、私はこう言いたい。「NVCは、世界平和をかなえる、全人類必須のコミュニケーション術だ！」

かつての私のように「子育てSOS！」と悲鳴をあげているママも、パパも、NVCという名の愛と平和のムーヴメントにぜひ加わって下さい。日本に、世界に、仲間たちがたくさんいます。

「キリン語」を習得して、もっと平和で幸せな子育てが楽しめるよう、子育てにも自分にも自信が持てるよう、一緒に気長に進んでいきましょう。心してガイドさせていただきます！

平和はここから、私から
平和はここから、子育てから

※この本は、世界中の NVC 指導者や仲間から学んだことをベースに、私個人の実体験と理解をもとに制作しています。通常、NVC で伝えられる知識に加えて、NVC のマインドに通じる偉人の言葉や、マインドフルネスや瞑想、そのほか参考になりそうな生活習慣を整える方法なども、織り交ぜています。

みんなの声 <実感している変化1>

子どもたちが
2歳と6歳の時に始めたNVC。
**ストレスで怒って当たり散らす時間が劇的に減った。
そして怒ったとしても自分を責めなくなった。**
「おかあさんが書いた手紙を見るとあたたかい気持ちになって安心するよ」
など**子どもも気持ちを表現してくれるようになりました。**

（Miyuki 39歳・チェコ在住）

低体重で、保育園に呼び出されたほど食べない娘。
それ以来「早くご飯食べなさい！」「この時間までに食べないと
○○できないよ！」と、いつも上から目線のコミュニケーションでした。
NVCを学んで、怒りの前に、**焦りや心配、嘆きなどの
感情があることに気づき、健やかな成長、命の祝福、といった
自分の中のピュアなニーズに
つながることができました。**

（藤本由貴 36歳・山口県在住）

どんな子育て手法よりも
即効性があった！
理想として描いていた子育てができつつある。

（nao 45歳・オーストラリア在住）

子育ての方法論で食い違いが起きて
**ケンカばかりだった夫と
お互いの意見の違いを認め合い、
腹を割って話せている。**
子どもが生まれてから初めてのことで、
これは本当にミラクル。子どもが平和な家庭で
育っていけるのが、何よりも嬉しい。

（Kaori 38歳・長野県在住）

NVCを学ぶ前は、子どもたちを怒っては、
夜寝る前に反省して、

「私はお母さんになるべきじゃなかったんだ」

と泣く日々でした。NVCを学んでからはお母さんにも感情があって、それを大事にして
いいことを知り、「自己共感」ができるようになって、自分を責めることがなくなりました。
子どもたちにも自分の感情を少しずつ伝えられるようになり、
お互いが素直に言葉を使ってコミュニケーションが取れる日が増えました。

（ゆうこ 41 歳・カナダ在住）

息子はまだ 4 歳ですが、私が自分の感情を正直に
伝えていたら、息子も自分の感情を細かく分析し、
それを伝えるのがうまくなって、

とっても面白いんです！

これは一生の学びと思っているので息子とともにこれからも成長して
いきたいです。子育てはもちろん、NVC は全ての人間関係を
深く癒し、潤わせてくれると思います。

（Maiko 39 歳・東京都在住）

以前は娘（8 歳）の行動や発言が理解できず、
イライラすることが多かったけど、

受講後は**自分のニーズにつながる**ことで子どもにもどうし

てほしいのかが伝わりやすくなったのと、何か起きた時に、決めつけたり
ないで娘の中に「今何があるのかな」、「こんな感情があるんだね」と感じら
れるようになりました。お互いがありのままで受け入れられるんだっていう

安心感のある関係になっています。

（容子 50 歳・千葉県在住）

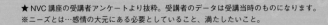

★NVC 講座の受講者アンケートより抜粋。受講者のデータは受講当時のものになります。
※ニーズとは…感情の大元にある必要としていること、満たしたいこと。

もくじ

LESSON 5

こんな時、NVCをどう活かす？　・・・・・・・・・ 177

ワークブックの構成と使い方

この本は、子育てに NVC を取り入れるためのガイドブックであり、ストレス・フリーな子育てを歩むための地図でありたい、という願いで作られています。あなたを励まし、勇気づける応援団、大切なことを思い出すためのお守りやリマインダーのような存在でありたい、という願いも込められています。

LESSON 1 では、NVC とは何か？その手法や考え方について、さまざまな角度から眺めていきます。「ジャッカル語」「キリン語」といった、NVC に特有な用語も紹介します。

LESSON 2 では、親としてのあり方を整える「自己共感」の大切さと方法を学びます。そう、子育ての本ですが、まずは自分を整えるのが先決です。その方法を身につけ、練習しましょう。

LESSON 3 では、子どもやほかの人への「(他者) 共感」を取り上げます。ちょっとした態度や言葉（キリン語）を身につけるだけで、子どもとのつながりが大きく変わることを日々の暮らしで体験します。

LESSON 4 では、NVC の４つの要素「観察」「感情」「ニーズ」「リクエスト」を一つずつ詳しく解説します。気をつけるポイントが理解できると、コミュニケーションが驚くほど変化します。

LESSON 5 では、よくある子育てや日常生活のシーンを選んで解説しています。ピンチの時に、いつでも戻ってこられる「駆け込み寺」として、役立てて下さい。

・ところどころに「ワーク」が用意されています。読んで「そうだよね」と一般論として理解するだけでなく、自分ごととして捉え、実際に手を動かして、書き出してみましょう。

・「トーク」は、パートナーや子育て仲間となど、ほかの人との対話の中で学ぶ工夫の提案です。積極的に周りの人と本音で話し合ってみましょう。

・何よりも、日々の練習が大切です。生活のさまざまな場面で実践しましょう。何事も、一日にしてならず。つまずいても、それが普通。大丈夫。あきらめずに続けましょう。

どうぞこのワークブックを手元に置いて、旅のガイドブックがわりに活用して下さい。道に迷った時に、頼って下さい。「ワーク」や「トーク」の練習をして、筋力をつけて下さい。元気がない時に、励ましてもらって下さい。魔法を忘れてしまった時に、思い出させてもらって下さい。「もう無理！」と悲鳴をあげた時に、なぐさめてもらって下さい。

では深呼吸して、読んでは立ち止まり、それを何度でも繰り返し、ともにゆっくりと学びを深めていきましょう。

Let's do this together !

子どもと一緒にできる
楽しいワークもありますよ。

NVC とは？

（非暴力コミュニケーション）

NVC とは何か、その全貌をつかむことから始めましょう。NVC のレンズが入った眼鏡をかけて、これまでの子どもとのコミュニケーションを見直してみると、さまざまな反省や発見があるはずです。NVC を、あなたの子育てで、どんなふうに活かせそうですか。好奇心を持ってゆっくりと進んでいきましょう。今までとはまるで違った世界が、きっと広がってくるはずです。

WHAT IS NONVIOLENT COMMUNICATION?

これがNVC！　私の初体験

5歳の娘、てら（天藍）の部屋は、散らかり放題。それを見るにつけ、こんなふうに、イライラして、ガミガミ怒鳴る私。

「きたない！　ほんと、悪い子！」「早く片付けなさい！」

娘のせいにしてしかる、というのが定番のコミュニケーションでした。

すると娘は、こう返答します。「片付ければ、いいんでしょ！」または「片付いてるもん！」。反抗的な態度で、イヤイヤ片付けるふりをするか、ふて腐れて、逆に意地をはるか。結局、何も解決しないままです。

それがNVCを学び始めて、まもないある日。娘の部屋を見て、カッとした私は、まず深呼吸してひと息つき、自分の心の声に耳をすませてみました。

「あぁ、イライラするし、悲しい。私は、部屋をきれいにしておきたいから。娘にも、片付けに協力してほしい」。そんなふうに、自分自身の気持ちが理解できると、娘を責める気持ちは自然とおさまっていました。

そこで習ったばかりのNVCの作法、「観察、感情、ニーズ、リクエスト」に当てはめて伝えてみました。

「床におもちゃが4つと、パンツが3枚落ちているのを見る時（観察）、
ママは、イライラするし、悲しいなぁ（感情）。
ママには整理整頓とか、協力が大切だから（ニーズ）。
ママの話を聴いてどう思うか、教えてくれる？（リクエスト）」

すると、娘からはこんなふうに返ってきたんです。「うん、てらもね、困ってるの。だって片付け方がわからないんだもん」

これには、本当にびっくりしました！　大人の私には、片付け方がわからないなんて、夢にも思わないことだったからです。

娘の気持ちに共感して、助けを申し出ました。

「そうか。そうだったんだね。困っていたんだね。片付ける方法、教えてほしい？」そう聞くと、笑顔で「うん！」とうなずく娘。

ダンボールで簡易のお片付けボックスを作り、「おもちゃ」「ようふく」などラベル書きをして一件落着。娘も嬉しそうだし、私も片付いた空間に大満足。

「あぁ、目の前にあることを中立的に観察し、自分の声を聴いて相手に伝え、リクエストという会話のボールを渡す。相手にも共感をしながらコミュニケーションをはかる。そうすると、対立が面白いように解消していくんだなぁ！」と、感動したのを覚えています。

この成功体験が、私の NVC の出発点となりました。

NVC は「手法」であり「意識」

NVC は、英語で Nonviolent Communication。略して「NVC（エヌ・ヴィー・シー）」と呼ばれています。日本語では「非暴力コミュニケーション」。自分と子ども（やほかの人）に共感してつながりを育みながら、さまざまな対立を平和的に解消するコミュニケーション方法です。

コミュニケーションの方法なので、会話の作法が用意されています。それが NVC の 4 つの要素、「観察」「感情」「ニーズ」「リクエスト」です（LESSON 4 で詳しく説明しています）。

4 つの要素は、こんな定型文に当てはめて使うことができます。

観察　Observation	「私（あなた）が 〜 の時」
感情　Feelings	「〜 と感じた」
ニーズ　Needs	「〜 が大切だから」
リクエスト　Request	「〜 してくれる（どうかな）？」

この作法を意識しながら会話を進めていくことで、誰かのせいにせず、自分や子どもの本当の気持ちや、大切にしたいことに気づく。それを大切にし合うことで、対立を平和的に解消していく。NVC を使うと、そんなことが自然とできるようになってきます。

NVC は単なるコミュニケーション手法にとどまりません。本物のつながり（自分とのつながりも含めて）を大切にしようとする「意識」でもあります。そのために、今ここで一体、何が起きているのか、自分のあり方自体を深く見つめ直すことが求められます。

もっと言えば、どんな時も「愛に生きる」という覚悟を持ち続ける日々の練習でもある、と私は捉えています。

これまでの
コミュニケーションは、暴力的？

NVC の発案者は、アメリカの臨床心理士のマーシャル・B・ローゼンバーグ博士。マーシャルは、どんな思いでこのコミュニケーション手法を体系化し、「非暴力」と名づけたのでしょうか。

暴力という言葉を聞くと、（殴ったり、蹴ったりする）身体的な暴力が思い浮かびますが、心の暴力もあります。

あなたは間違っている
あなたのせいだ
あなたは罰せられるべきだ

こんな３つのフレーズが頭の中にある時は、子どもやほかの人に対して暴力的、つまり敵のイメージを持っているサイン。散らかっている娘の部屋を見た時に、私の頭の中ではまさにこのフレーズがこだましていました。

あなたの子育て現場では、どうでしょうか。子どもがおもちゃを投げた時。早く支度をしない時。ご飯を食べない時。言うことを聞かない時。そんな時は、上記の３つのフレーズが頭の中に響いているはず。ぜひ、観察してみて下さい。

こんな時は、どんなふうに言うでしょう。私が発したように「ダメでしょ」「片付けない、悪い子」、そのほかにも「何回言ったらわかるの？」「また遅れちゃうじゃないか！」「おやつはなしよ」、そんなふうに伝える親が、とても多いと思います。

「こうあるべきなのに、そうじゃないのはおかしい。改めるべきだ」、そう判断して、批判したり、なんとか状況をコントロールしようとしたりします。または「しつけに失敗しているダメな親だ」と、自分自身を悪者にしている時もあるでしょう。

こうした態度を、マーシャルは「暴力的」だ、と指摘しました。「何が（誰が）悪い」「これはおかしい」と決めつける。その上で「こう正すべきだ」とコントロールしようとする。私たちは常に「どっちが／誰が／何が正しいかゲーム」をしている。そのゲームが大得意だし、そのゲームしか知らない人がほとんどだ、と言いました。

でも「どっちが正しいかゲーム」のかわりに、「どっちも正しいゲーム」をしたほうが、ずっと楽しいし、理にかなっている。誰のせいにもしない、心に敵を作らない、みんなが認め合って、つながりを感じながら生きられる世界。そんな世界は、コミュニケーション次第で可能だ、と。そしてその手法を編み出し、「非暴力コミュニケーション」と名づけたのです。

非暴力とは、身体的な暴力だけではなく、「心に敵がいないこと」を指します。自分やほかの人に対して責める感情や態度がない。誰も悪者扱いしない。大らかで寛容な心のあり方、これが「非暴力」です。

非暴力とは、
「心に敵がいないこと」

*"Nonviolent" means there is
NO ENEMY in your heart.*

Mahatma Gandhi （1869-1948）
マハトマ・ガンディー

「非暴力」という言葉を最初に使った、インド独立の父。
生涯、いかなる暴力に対してもやり返すことをせず、
どんな苦境に立たされても平和な態度を貫いた人。
ガンディーの精神性を受け継いで、
マーシャルは「非暴力」の言葉を用いました。

心に敵を作っている時

あなたは子育てや日常生活で、どんな時に、心に敵を作っていますか。「敵を作る＝暴力」という考え方は、馴染（なじ）みが薄いでしょう。悪者扱いしている、と言い換えてもいいですね。その時に、心の中で、または実際に、どんな言葉を発していますか。

例を参考にして、書き出してみましょう。

子どものせいだ

例：出かけたいのに、支度を済ませず遊び続ける時　「もう何やっているの！」
・せっかく作ったご飯を食べてくれない時　「ダメな子！」
・兄弟ゲンカがおさまらず、子どもたちの叫ぶ声が響き渡っている時
「うるさい！　いい加減にしろ！」

周りの人のせいだ

例：友人が約束の時間に遅れてきた時　「私のこと、なんだと思っているの？」
・パートナーの帰りが遅い時　「私が大変なのは、あなたのせいよ」
・役所の窓口で、目を合わさず冷たい対応をされた時　「失礼な人ね」

自分のせいだ

例：子どもをきつくしかったことに、後悔する時　「母親失格だわ」
・職場でミスをした時　「私にはやっぱりできない。無能だわ」

なんでも正直に書き出そう。「敵扱いしているな、責めているな」、それに気づくだけで、いいのです。

＜NVCの父＞ マーシャル・B・ローゼンバーグ

(1934 〜 2015)

「古いプログラミング」から、解放されよう

アメリカの臨床心理士、紛争調停者、教師。幼少期、ミシガン州のデトロイトで、ユダヤ系だとして人種差別を経験したマーシャル少年は、「人間は本来、思いやる気持ちがあるのに、どうして暴力的な態度や言葉づかいをしてしまうのか」ということに興味を持ち始めました。

その興味は、大学院に進学して臨床心理士としてカウンセラーの仕事をするようになってからも続き、人類学者や神学者の学説についても研究しました。その結果、マーシャルは「暴力的な態度や言葉づかいは、もともと人間にそなわったものではなく、歴史的にプログラミングされてきてしまったもの。その洗脳から解き放たれ、お互いの人生に貢献し合えるような、新しい世界のプログラミングを再インストールしよう」と呼びかけました。

マーシャルによれば、人類が狩猟採集型の暮らしを営んでいたはるか昔は、集団を構成する一人一人がそれぞれの役割を持って協力し合い、助け合いの精神をもとにした人間関係やコミュニケーションを実践していました。

それがおよそ8000年前、農耕定住型の暮らしに移行するにつれ、一部の支配層が出現し、少数が大勢を支配するような構造が確立されていきました。「わが民族のほうが、多くの領土を保持していて優位だ」「わが家系のほうが、より神に近い存在で優っている」、そんな考え方が浸透していくにつれ、態度や言葉自体も、支配と服従をベースにしたものが一般的になっていった、といいます。

マーシャルは、著書「NVC 人と人との関係にいのちを吹き込む法（マーシャル・B・ローゼンバーグ著、安納献 監訳、小川敏子訳／日本経済新聞出版社）」の中で、こう述べています。「わたしたちはみな、人としての可能性を制限してしまうよ

うなことがらを、善意の親や教師、聖職者などといった人たちから教え込まれてきた。こうした教育は、何世代にも何世紀にもわたって受け継がれてきた破壊的な文化的学習だといえる。そして、学習したものの大部分はわたしたちの人生にすっかり染み込み、もはや意識することもない」。

正しい／間違っている、持っている／持っていない、できる／できない、勝ち組／負け組という考え方。さらに親／子、教師／生徒、上司／部下という上下関係。そんな二極対立や分断をベースにした考え方を、「古いプログラミング」と、強い口調で批判したのです。

そうではなく、一人一人の生きる力を大切にしたつながり方や、人間らしさが発揮されるようなコミュニケーションを取り戻そう。そんな願いをもとに、誰も敵扱いすることなく、理解や思いやりを基調とした人間関係を可能にするようなコミュニケーション手法として編み出されたのが、NVC です。

NVC は、1970 年代にマーシャルが提唱してから、「こじれてしまった人間関係が修復される」と徐々に話題になり、アメリカ全土の家庭や学校、地域対立の現場へと広がりました。1984 年には、CNVC（Center for Nonviolent Communication）「非暴力コミュニケーションセンター」を設立。マーシャルは、晩年、イスラエルやパレスチナなどの紛争地帯や国際組織でも、NVC を精力的に広めることに貢献しました。

マーシャルは、生涯かけて、非暴力のメッセージをたくさんの人の心に届けました。2015 年没後も「マーシャル」と親しみを込めて呼ばれ、今でも NVC の父として、非暴力の精神を生きようとする世界中の仲間たちから、愛されています。

社会がますます格差や分断の問題に直面する昨今、失ってしまった思いやりや助け合いの力を一人一人が取り戻し、心を発動させて行うコミュニケーション・モデルが求められています。NVC はそんな中、子育て、夫婦関係、学校、仲間、友人、地域社会、職場、国同士の交渉や紛争地域での話し合いの現場など、人間が活動するあらゆる場で広がり続け、人間のあり方や生き方を見直す思想体系としても、役立っています。

今、NVCが注目されている理由

日本でも、この10年ほどでNVCを話題にする人が増えています。

もっと深い本質的なところで、人と人との誠実なつながりを感じ、心穏やかに生きていきたい、そう願う人たちが増えているからだ、と私は捉えています。

NVCの目的は「自然なわかち合いが可能なつながりの質を創ること」、簡単にいうと、人と人、命と命が「つながる」ことです。

「つながり」と聞いて、「私は豊かなつながりの中で、生かされているなぁ」と実感する人は、あまり多くないでしょう。忙しくて、ゆっくり心を通い合わせている暇はない、家庭内でも本音を話さなかったり、隠し事があったりする。友達づき合いや職場でも、仮面をかぶっている。SNS上でたくさんのつながりができたけれど、どれも希薄でもろい。

自分のことだけで精一杯だと、つながりは分断され、つながる気力もなく、そのことでたくさんの対立が起きています。ましてや、自分とのつながりは？　自然とのつながりは？　このままでは、いけない。心のどこかで、そう鳴り響くアラームを察知している人が、増えているように感じます。

そんな中、人間性を取り戻すための方向を示してくれるガイドとして、NVCのようなツールがますます求められていると思うのです。

人と人、命と命はつながり合うことで、本来持っている力を存分に発揮することができたり、さまざまな課題をスムーズに解決していくことができたりします。命がありのままの姿に立ち返ることで、全てがうまく回り出すのです。

NVC は人間のあり方や生き方を見直す思想体系としても役立ち、思いやりを差し出し合い、つながり合い、よりよく生きていきたいと願う人たちの間で起こっている、世界的なムーヴメントでもあると私は捉えています。

NVC は、
コミュニケーション手法であり
「つながり」を取り戻した
生き方の実践

あなたの「つながりチェック」

NVC の目的は「つながりの質を高めること」。つながりについて、普段の生活で考えることは、あまりないかもしれません。でも「つながり」は人間が生きていく上で、欠かせないものです。

まず、あなたの「つながりチェック」をしてみましょう。1（最小）〜10（最大）のスケール上で、どの数値で表されますか。

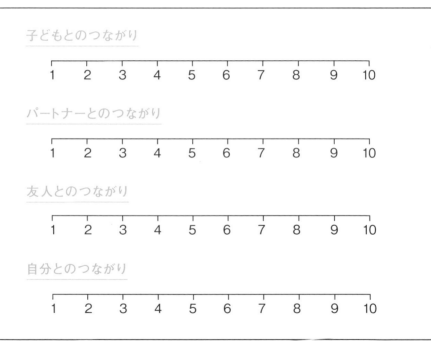

子どもとのつながり

1　2　3　4　5　6　7　8　9　10

パートナーとのつながり

1　2　3　4　5　6　7　8　9　10

友人とのつながり

1　2　3　4　5　6　7　8　9　10

自分とのつながり

1　2　3　4　5　6　7　8　9　10

「つながり」とは、なんでしょうか。あなたは、どんな時につながりを感じますか。つながりを感じない時は、何が起こっていますか。そもそも、つながりは大事ですか。例を参考に、書き出してみましょう。

つながりは…

例：なくてはならないもの、親子関係、少し面倒なもの、命そのもの

つながりを感じるのは…

例：楽しい時、優しくされた時、心に余裕がある時、直感がさえている時

その時の気持ちは…

例：穏やか、平和、安心、認められている気がする、気をつかわないで済む

逆につながりを感じないのは…

例：責められている時、急いでいる時、正直になれない時、上下関係がある時

その時の気持ちは…

例：孤独、不安、寂しい、敵意がある、落ち着かない、落ち込む

そのほかの思い

例：つながっているふりをしていたり、怖かったりする時もある
・赤ちゃんは、ただそこにいるだけで、つながっている感じがする
・もっと正直に本音でつながりたい

 POINT 自然や世界とのつながりについても、考えてみ
よう。つながりの質が高まると、あなたの心や
生活は、どんなふうに変化するだろう。

別名「共感コミュニケーション」

つながり合った非暴力の世界をかなえるために、NVC では、人それぞれの内面で息づいている心の声を真剣に聴き取り、それを大切にし合うことをしていきます。

これを「共感」といいます。NVC は「共感コミュニケーション」とも呼ばれます。

共感とは、ただ単に「聞く」のとは違い、傾聴することです。「聴く」とは注意深く、誠意を込めて耳を傾ける態度です。漢字が示している通り「心」で聴きます。この漢字は、「聴す（ゆるす）」とも読み、子どもや自分のありのままをゆるして受け入れる態度を示しています。

あなたが、ありのままの子どもを受け止め、共感したのは、いつですか。または、ありのままのあなたの気持ちを、さえぎられることなく、じっくり聴いてもらったのはいつですか。自分が自分自身の心の声を聴いたのは、いつですか。もしかしたら、そんなこと今までになかった、思い出せないという人もいるかもしれません。

共感は、英語でエンパシー（empathy）。語源は、ギリシャ語のエンパシア（empathia）。「愛情」という意味だそうです。共感は、愛を差し出すこと、そのものなのです。

共感には、自分に対する共感（自己共感）と、ほかの人への共感（他者共感）があります。NVC では、その両方を同じくらい大切にしながら、ゆっくりと会話を進めていきます。

この「ゆっくり」というのが、肝心です。共感するためには、聴いて感じ

るだけの十分な時間が、どうしても必要になってきます。

でも、その時間がない。取れないし、取ろうとしない。みんな何かに追われ、自分のことで常に忙しい。スマートフォンで簡単に気晴らしができるので、人の話や自分の心の声に、じっくり耳を傾ける集中力も弱っている。

誰もがただ聴いてほしい、理解してほしい、わかってほしいと願っているのに、共感を差し出せる余裕のある人は、残念ながらとても少ない。私たちは、圧倒的に共感が足りない「共感欠乏社会」に暮らしています。

そんな中、時間を確保して、子どもにも自分にも共感するのは、難しいと思うかもしれません。でも一方で、共感はとてもシンプルで、やろうと思えばすぐにでもできる、人間同士の基本的な行為ともいえるでしょう。

魔法がかかるのは、スローダウンした時…

Magic happens
when you slow down…

Marshall B. Rosenberg （1934-2015）
マーシャル・B・ローゼンバーグ

共感を体験する時と その気持ち

あなたが共感できる時、できない時は、どんな時ですか。その時、どんな気持ちになりますか。さらに、共感してもらえた時と、その気持ちは？　例を参考にして、書き出してみましょう。

共感できる時

例：時間に余裕がある時、心が落ち着いている時、自分と意見が合う時

その時の気持ちは…

例：穏やか、平和、安心、満たされている、心が開かれている

共感できない時

例：忙しい時、意見が食い違う時、こうしてほしいという願望がある時

その時の気持ちは…

例：イライラする、むかつく、面倒くさい、うんざり

共感してもらうと…

例：安心する、笑顔になる、認められている気がしてほっとする

共感してもらえないと…

例：がっかり、無力感、孤独、不安、焦り

 ここでの共感とは「ただゆっくり話を聴くこと、聴いてもらうこと」。NVC とは「心で聴く」という練習でもあります。

キリン語とジャッカル語

敵のイメージを持つ暴力的なコミュニケーションと、共感を軸にする非暴力のコミュニケーション。NVC では「キリン」と「ジャッカル」という2種の動物を使って、このように表現します。

ジャッカル語＝（これまでの）暴力的なコミュニケーション
キリン語＝（これからの）非暴力コミュニケーション

子どもに説明する時にも役立つので、覚えておきましょう。

まず「ジャッカル」です。あまり聞きなれない動物ですが、ディズニー映画の悪者の子分役などで登場する、オオカミやハイエナに似た動物です。不安で神経質で、すぐに噛みついてきます。気に入らないことがあると、攻撃したり批判したり、自己防衛をはかったりする。暴力コミュニケーションのシンボルです。

ジャッカル語には、自分に暴力的な言葉をかける「内向きジャッカル」と、子どもやほかの人に暴力的な言葉をかける「外向きジャッカル」があります。

一方は「キリン」。キリンは馴染みがある動物ですね。長い首で、物事を高い視点から見渡します。おっとりとしている草食動物。心臓が大きいのもキリンの特徴で、ビッグ・ハートは、思いやりの象徴です。非暴力コミュニケーションのシンボルです。

キリン語にも、自分に非暴力の言葉をかける「内向きキリン」と、子どもやほかの人に非暴力の言葉をかける「外向きキリン」があります。

これを「4つの耳」と表現します。

NVC の4つの耳

　　内向きジャッカル（自分に暴力的な言葉をかける）
　　外向きジャッカル（ほかの人に暴力的な言葉をかける）

　　内向きキリン（自分に非暴力の言葉をかける）
　　外向きキリン（ほかの人に非暴力の言葉をかける）

多くの人は、普段、ジャッカル語を話しています。心に敵を作る考え方や
コミュニケーションしか、学んでこなかったからです。

でも本来、人間は他者とのつながりの中で生息する社会的な動物で、キリ
ン語を得意とする脳をそなえています。NVC は、全く新しい外国語を習
得するわけではなく、使用せずに忘れかけている母国語を思い出せばいい
だけなのです！

私は、人の話を聴く時に、キリンの耳をつけた自分や、キリンの着ぐるみ
を着た自分を密（ひそ）かに想像したりしています。「キリンをイメージすると、
うまくいくよ」と言う人もいます。

あなたもキリンになって、ジャッカルの世界からキリンの世界への引っ越
し作業を始めましょう！

頭でっかちで、誰かを責めたりいらぬ世話をやいたりする

暴力的なコミュニケーション
ジャッカル語

ジャッカル

凶悪で乱暴な、肉食動物。

相手を変えようとしたり、支配したり、罰を与えたりする。

犯人探しが大得意。

（ジャッカルも実は、自分をどう表現したらいいのかわからずに、
つい乱暴な態度を取ってしまう、おびえている動物。本当は、
愛されたり、話を聴いてほしかったりするだけなんです）

ジャッカルの特徴とよく使われるフレーズ

内向きジャッカル	外向きジャッカル
自分自身を責める けなす 批判する	相手を責める けなす 批判する

ありがちなジャッカル語録

内向きジャッカル	外向きジャッカル
「私が悪い」 「私なんて、どうせ」 「ダメな母親だ」 「頑張ったって、無理」 「母親だから〜すべき」	「あなたが悪い」 「〜するべきだ！」 「たいしたことじゃない」 「どうせ〜だろう」 「もういい加減にして！」 「何回言ったら、わかるの」

これも実は、ジャッカル語!?

褒める / 励ます / 自分の話をする / なだめる / 気をそらす、気を晴らす

※会話の中で、こうしたことが必要な時もありますが、求められていない時もあります。
　まずは何よりも共感に徹する、というのが NVC の原則です。

忘れているだけで、
実は私たちの母国語は、
キリン語です！

心に敵を作らず、誰も責めずに、大きなハートでやりとりする

非暴力コミュニケーション
キリン語

キリン

心臓が大きく、調和や平穏を望む草食動物。
首も長いので、物事を俯瞰（ふかん）して観察できる。
平和の象徴とされる。

キリンの特徴とよく使われるフレーズ

内向きキリン	外向きキリン
自分自身に共感する	相手に共感する

使いやすいキリン語録

内向きキリン	外向きキリン
「そうなんだねぇ」 「〜な気持ちなの？」 「〜っていう感じなのかなぁ」 「〜が大事なんだね」	「そうなんだねぇ」 「〜な気持ちなの？」 「〜っていう感じなのかなぁ」 「〜が大事なんだね」

これも実は、キリン語 !?

言葉だけじゃなくて、こんな態度も「キリン」。
ただそこにいる / うなずく / 一緒に泣いたり笑ったりする

私の口癖！　ジャッカル語

私たちは知らず知らずのうちに、流暢なジャッカル語を使っています。普段からよく言ってしまいがちなジャッカル語を挙げてみました。あなたにも、当てはまるものがありますか。ほかにもどんなジャッカル語を使用していますか。
例を参考にして、書き出してみましょう。

自分自身に対して（内向きジャッカル）

例：「私なんて、どうせ」「自分はダメな母親だ」「自分はダメな父親だ」
　　「私のしつけが悪いから、しょうがない」
　　「頑張ったって、無理」

子どもに対して（外向きジャッカル）

　　　例：「何回言ったらわかるの？」「うるさい！」
　　　　　「〜したら、〜しないからね」
　　　　　「そんなこと、たいしたことじゃないよ」

パートナーに対して（外向きジャッカル）

　　　例：「あなたはいいわよね、全く」
　　　　　「どうせ言ったって、わからないだろ？」
　　　　　「たまには、やってよ！」

完璧でえらい親は、やめよう

あなたは子どもと、どんな関係を築いていますか。「親の
ほうがえらいのだから、親や大人の言うことや考え方に、子
どもが従うのは当然」とする「パワーオーバー（支配的な力関係）」
ですか。それとも「年齢や立場に関係なく、みんなが等しく持っ
ている命の力に寄りそおう」とする「パワーウィズ（対等な力
関係）」ですか。

「パワーオーバー」や「パワーウィズ」とは、聞き慣れない言葉
ですが、NVC の中で、とても大切にされている概念です。

例えば、子どもが食卓で食べ物をこね回したり、床に落とした
りする時。「ちゃんと食べなさい！」と強要したり、取りあげる
などの罰を与えたりするかもしれません。しつけるのは親の役
割で、子どもは親に従う義務がある。子育てでは、こんなふう
に「親が上で、子どもが下」という「パワーオーバー」の関係
性が成り立っていることがほとんどです。

もちろん子どもが小さいうちは、さまざまな世話をする必要が
あり、親が子どもに教える、また子どもが親に従う、というこ
とが大切なことも多々あります。

だからといって、子どもを自分の思い通りにさせようとしては
いませんか。親の意見や価値観を押しつけようとしていません
か。「こんな子に育ってほしい」という期待が強すぎてはいませ
んか。NVC は、こうした力関係を見直し、「パワーウィズ」とい
う新しい関係を大切にすることを促します。

パワーウィズは、全ての命は、「生きていく力をすでに十分、持っ
ている」という信頼をもとに作られる関係性です。子どもは小さ
くても自分なりの思いや主張や好き嫌いがあって当然。大切に
したいこと（ニーズ）も大人と違う、あくまでも独立した個人。
だから固定化した関係性や役割にしばられずに、人と人、命と
命として深くつながっていこう。そんな考え方を基調とした、
より対等な親子関係がパワーウィズの世界です。

先ほどの食卓の場面では、どんなふうになるでしょうか。まず一方的に「ダメ」と決めつけることはしません。かわりに、「食べ物の色や触感が楽しいのかな」「好奇心を満たしたいんだな」と、子どもの行動を理解しようとします。そして「遊びたいんだね。いろんな形や色があるから、楽しいのかな」と共感した上で、「ママは困っちゃうな。ゆとりとか感謝することを大切にしたいから、この時間にぜんぶ食べて欲しいけど、どうかな？」などと、子どもも自分も同じように大切にするコミュニケーションをするでしょう。

ここで、子どもが食べるか食べないか、その結果が大事なのではありません。親が頭ごなしに決めつけないこと、子どもも自分が認められていると感じることが大事なのです。

親子関係のみならず、学校現場や職場など、今の社会システムや教育においても、パワーオーバーがまかり通っています。パワーオーバーから、パワーウィズのシフトには、最初は戸惑いを感じるはずです。自分が持っているはずだった権力を手放し、ほかの人と力をわかち合うことは、怖さを伴うことでもあるでしょう。

だからこそNVCの考え方は、革新的です。私は、パワーウィズを意識するようになってから、子どもとの関係性が大きく変化しました。子どもの立場に沿って物事を観察できるようになり、子どもへの理解が増し、お互いの信頼感やつながりも深まりました。

私の母には「甘すぎるんじゃない？　もっとしつけないとダメよ」と言われたりもします。でも子どもの思い通りにさせたり、甘やかしたり、放任したりするわけではありません。「私も大切。そしてあなたも同じぐらい大切だよ」という姿勢で向き合うのです。

いつもいい親、全てを知っているえらそうな親を演じていると、義務感や役割にしばられて、窮屈だし、疲れてしまいます。完璧な人、完璧な親なんて、いなくて当たり前。正解も、どこかから借りてきたもっともらしい道徳やモラルも、いりません。

それよりもみんなが等しく持っている生きる力を信じて、広い心で子どもを見守る。そんな環境で育った子どもこそ、安心感の中で、自分の命や才能を花開かせていくと信じています。

NVC が目指す、親子関係

＜これまでの関係＞

⇩

POWER OVER ／パワーオーバー

他者を支配しようとする力 ／ 圧力をかける服従の関係

> 上から目線の
> コミュニケーション

おとなの声

「正解を知っているのは大人。
子どもに、教えてやるのが、
私たちの仕事。親がいいと
思ったことに従うのが、いい子だ」

・力が強いほうが決めた振る舞い
　を、力の弱いほうが強いられる
・共感の態度や声がけは、発揮さ
　れない

<これからの関係>

⇩

POWER WITH ／ パワーウィズ

他者とつながろうとする力 ／ 力を共有する対等な関係

> 同じ目線での
> コミュニケーション

おとなの声

「子どもは親の分身ではない。
子どもが大事にしていることにも
目を向け、お互いに思いやることや
理解し合うことを、心がけよう」

車道に走り出る子どもを力づくで止め
るなど、命を守るためには「○○しちゃ
だめ」と、力の行使が必要な時も。

・それぞれの大切にしているこ
とにつながりながら、会話を
していく
・共感の態度や声がけが、発揮
される

子どもとの関係チェック

あなたは、日頃から、子どもとどんな関係を築いていますか。
親の予定や期待を優先させて、子どもに従わせようとしていませんか。
それとも子どもの気持ちや自主性、個性や興味を大切にしていますか。
子どもと心が通い合っている関係性を築いている、と感じますか。
今の時点でわき上がってくることを、素直に書き出してみましょう。

WORK

親子関係だけでなく、先輩と後輩、夫と妻、上司と部下など、
あらゆる人間関係で「パワーウィズ」のモデルが活かせるか
どうか、考えてみよう。

「平和気質」になる心がけ

キリン語を上手に話せるようになるためには、言葉づかいを改めるだけでは、どうも不十分です。日々の過ごし方や、物事への意識の向け方など、生活全般についても、せっかくですからこの機会に見渡してみましょう。

NVC を始める前、私はとてもせっかちな上、頑固でした。やりたいことが山積みで、時間に追われる生活でもありました。思い通りにいかないと気が済まないことが多く、人の話をよく聴く前に決めつけたり、求められていないアドバイスを差し出したりするお節介な性格でもありました。

「キリン語を話せるようになる！」。そう決めた私は、毎日、短い時間でも瞑想したり、娘と過ごす時間はなるべくスマホを触らないよう心がけたりしてきました。娘の言動にカチンと来た時は、深呼吸することを思い出し、一時停止してキリンをイメージし、独りよがりの結論に急がないよう、今でも自分に言い聞かせています。

プンプン怒った顔をして、セカセカしたせわしない心で、キリン語は話せません。平和な言葉が出やすくなるために、体質改善ならぬ気質改善も合わせてしていきましょう。目指すは、「平和気質」です。

特別なことをしなくてもいいんです。でも気質改善をするためには、意識して続けていくことがとても大事です。誰でもすぐにできてとても効果が高いものを、次のページで３つ挙げました。普段の生活から NVC とセットで取り入れていきましょう。

スローダウン

時間にも、心にもスペースがないと、ゆっくり丁寧に共感を差し出すコミュニケーションはできません。自分だけの何もしない時間を作る、仕事の時間帯を見直すなど、日々の生活にゆとりを持つために、何ができますか。何をしたいですか。キリン語を話すためには、生活全般にわたって見直しが求められるかもしれません。

身体へ意識を向ける

頭で考えることを重視する傾向が強い人は、普段から、身体の声に耳を傾ける工夫をしてみましょう。激しい運動でなくても、ストレッチする、髪を丁寧にとく、手をセルフマッサージするなど、生活の中で簡単にできることを取り入れましょう。思い出した時に、丁寧にひと呼吸するだけでもOK。自分の内側で起こっていることにつながりやすくなり、生活の中で地に足のついた感覚を味わうことも増えます。

デジタル・デトックス

デジタル・デトックスとは、一定期間、スマホなどのデジタル・デバイスから距離を置くことで、ストレスを軽減し、周りの人とのコミュニケーションや自然とのつながりを取り戻す試み。平和気質に近づくために、大きな成果をもたらします。子どもと一緒にルールやマナーを決めて、ともに守るようにしてみましょう。

NVCを実践していく上で、誰もがいつでもタダですぐに頼れる特効薬、それが「呼吸」です。

現代人は、座りっぱなしやストレスの多い生活の影響で、呼吸の質が低下しているといわれます。浅く速い呼吸を無意識にしている人が多いのです。そうすると、ストレスが心につながり、落ち着いて物事を把握することが難しくなってしまいます。

呼吸を丁寧に意識して行うことで、「今ここ」への集中力が増し、その瞬間に何が起こっているか、自覚することができます。

「吸う時に、(胸のあたりだけでなく)おなかが膨らむか」
「吐く時に、(胸のあたりだけでなく)おなかがへこむか」

そんなことをポイントに、吸う息、吐く息、ともに5秒ぐらいの長めの全身を使った呼吸の練習をしてみましょう。お皿を洗いながら、歩きながら、呼吸だけを意識する10秒間の瞑想のつもりで、一日何回でも気づいたときにやってみましょう。

ジャッカル語が出そうになった時も、深呼吸の出番です。吐く息を長くすることで、安心やリラックスの神経(副交感神経)が優位になります。すると力が抜け、心もやわらぎます。「ため息をつくと幸せは逃げる」とは、迷信。この本では、「深呼吸しよう」と何度も念を押しています。気持ちが乱れた時こそ、思う存分ため息をつきましょう。

普段から上手に呼吸を取り入れて平和気質を目指し、ピンチの時には最上級の深呼吸(ため息)を。この本を読み進める時も、NVCの練習をする時も、あなたがゆったりとした呼吸とともにありますように。

呼吸は、NVCの一番の味方

平和気質のためにしたいこと

「平和気質」のために、あなたが心がけたいことは、なんですか。無理なく、自分のペースで続けやすそうなことは、どんなことですか。

例：ゆっくり丁寧に食事をする／太陽を浴びる／土を触る／好きなお茶を飲む／
感謝の気持ちを持つようにする／趣味など、好きなことに費やす時間を大切にする／
新月と満月など天体の動きを意識する／四季の変化を味わいながら過ごす

気質改善には時間もかかるし、自己規律も必要。ダイエットと同じで、一日にしてならず。でも、やればやるほど、必ず平和気質に近づいていきます。あきらめず、毎日フレッシュな気持ちで再スタートし、ゆっくり焦らず、長い目で見て成果を上げていこう！

命をつなげるコミュニケーション

NVC は「Language of Life：いのちの言語」と表現されることもあります。そこには、どっちがえらいとか正しいという二元論の概念のかわりに、かけがえのない命が等しく大切にされてつながり合い、一つになった、深い愛の世界観があります。

自分の命につながったり、子どもの命につながったりしながら、エネルギーが自然に循環していく、大きくゆったりとした美しい無限大のマークを描いていく、そんなイメージをするとわかりやすいかもしれません。

自分への共感

子どもや
ほかの人への共感

実践は、まずは自己共感から。自分の内側とつながって、自分を深く理解することが先決です。その結果を、ありのまま正直に子どもにも伝えます。（LESSON 2 で詳しく説明します）

それと同時に、子どもにも共感します。どんな状況においても敵を作らず、非暴力のキリン語を話すように心がけることで、人間が本来持っている思いやりの気持ちが発揮されるよう促します。（LESSON 3 で詳しく説明します）

こうした丁寧なコミュニケーションでつながりのインフラを作っていくことで、それぞれの命が最善の状態で輝き、子育ても人間関係もストレス・フリーなものになっていきます。

NVCは「人間には生まれつき、人を思いやる気持ちがそなわっている」という性善説のもとにつくられました。つながりや愛というものは、私たちの中にすでにあるもの。それを思い出すだけです。あなたも子どもも、尊い命が循環している自然の一部です。

LESSON1では、いろいろな角度からNVCを眺め、その手法や世界観について触れてきました。

LESSON2からは、NVCの実践、共感の具体的な方法について掘り下げていきます。豊かなつながりを育む優しいキリンの世界の住人を目指して実践していきましょう！

私は、
愛の意識

I am loving awareness

Ram Dass (1931-2019)
ラム・ダス

アメリカの精神的指導者。精神世界のガイドブック「BE HERE NOW」の著者。1970年代に開花した自己意識運動「ニュー・エイジ」の象徴的人物。

私とつながる
自己共感

子育ての悩みを解消するには、まず
自分自身につながること!?　そう、
子どもがどうこうではないのです。
「平和はここから、私から」。まずは
自分の内側で起こっていることに、
目を向ける。自分はどう感じていて、
何を必要としているのか。そこにじっ
くりつながり続ける。自分に「ただ
いま」、自分に「おかえり」。自分に
深くつながり、自分を生きる習慣を
始めましょう。

PEACE STARTS WITH ME

自己共感の大切さ

NVC を学ぶ以前、私は子育てで心が乱れることが起こるたびに、子ども
が悪い、しつけなければと、外側の世界にその原因や解決策を求めていま
した。また私のしつけ方が悪いなどと、自分を責めることもありました。

「何回言ったら、わかるの！　悪い子ね」（外向きジャッカル）
「私はしつけもできない、ダメな母親だ」（内向きジャッカル）

いずれにせよ、「何かが／誰かがおかしいセンサー」を発動させて、「心に
敵を作る」暴力のパターンに陥っていました。そして、ジャッカル語が大
得意でした。それしか方法を知らなかったのです。

ジャッカルの世界では、誰も幸せになりません。子どもは親の言うことを
強制的にやらされるだけで、肝心なことは学びません。親も自信を失うだ
けで子育てが楽しくない。堂々めぐりです。

それが自己共感を学んでからは、内側で「どう感じているか」「もっと何
を大切にしたいのか」に、気づくようになりました。頭で考えて敵を作り
出し、物事の改善を急ぐのではなく、心で感じたことに、まずはとことん
寄りそうように心がけました。

「腹が立っているんだね」「悲しいんだね」「安心したいのかな？」（内向き
キリン）

自己共感とは、文字通り「自分に共感すること」。自分が自分自身の一番の理
解者になって、ありのままの感情や大切にしていることを受け入れる思いや
りの態度のことを言います。

外側のノイズにかき消され、自分の本当の心の声が聴き取りにくくなっている時代。そんな中、ますます注目されているのが、自己共感です。仏教では「セルフ・コンパッション」。自分自身に慈愛の気持ちを向けることです。

自己共感の力を身につけると、自尊心が高まり、周りへの思いやりや人生の幸福感も高まるとする研究結果が次々と発表されています。今や心のケアの分野で大注目され、充実した人生を過ごすために欠かせないのが、自己共感です。

自己共感とは

自分が自分自身の
ありのままを受け入れる
思いやりの態度

子どもよりも、まずは自分

子育ての悩みを解消したいのなら、まず親である自分の内側を見つめることが先決です。平和はここから、私から。それが NVC の原則の一つです。

飛行機が離陸する前、機内で流れるアナウンスがあります。「まずは自分に酸素マスクをつけて下さい。その上で、子どもやお年寄りなど、助けが必要な人にもマスクをつけて下さい」

「自分の心の中で嵐が起こっている時、外側の嵐を鎮めることはできない」と、あるコスタリカの詩人も書いています。

自分自身が満たされると、不思議と、心はほかの人にも開いていきます。私はこう思っているけれど、あなたはどう思っているの？というように。気持ちが落ち着くので、子どもの心の声も聴いてあげられる余裕が生まれるのです。

「あなたは、まだ遊んでいたいのかな？」（外向きキリン）

言葉がけも平和になってきますし、そのエネルギーは、当然子どもにも伝わります。

日本語では、「子育て」という言葉自体が「子どもを育てる」、つまり子どもにフォーカスしています。でも英語では、同じことを Parenting（ペアレンティング：親としてのあり方）と表現します。注意を向ける先は、子どもではなくて、親のほう。

子育てのおかげで、自分自身が人間として成長していける。こんなにありがたいことはありません。子どもを育てるより、子どもに育てられているのです。

まず現時点でのあなたのセルフ・チェック（自己診断）をしてみましょう。
あなたは自己共感していますか。どんな時にできていて、どんな時に難しいですか。それは、なぜでしょう。次のページの「ワーク　自己共感をはばむもの」も参考にして、できない理由も振り返ってみましょう。

WORK

自己共感できる時

　　　　例：心に余裕がある時、気分がいい時（嬉しい、楽しい、感謝している）
　　　　・誰かに大切にされていると感じる時

自己共感できない時

　　　　例：子どもが言うことを聞かない時、こうすべきだ！と決めつけている時
　　　　・自分に正直になれない、本心を誤魔化している時

自己共感できた時、できない時、どんな気持ちになりますか。

ひと息ついて、優しい心で、正直に、日常生活を振り返ってみよう。もしかしたらそれだけで、涙がこぼれたり、心がほどけていくのを味わったりするかもしれません。それが自己共感の第一歩です。

自己共感をはばむもの

あなたに当てはまるものがあれば、チェックを入れてみましょう。ほかにもあれば、書き出してみましょう。そもそも自己共感は大事だと思いますか。したいと思いますか。
ほかの人はどんなことで自己共感がしにくい、と感じているでしょうか。家族やパートナー、友人との対話を通して、一人では味わえない豊かな学びを体験しましょう。

WORK

- ☐ 決めつけ、思い込み「子ども（やほかの人）が間違っている」
- ☐ 被害者の意識「子ども（やほかの人）のせいで、こうなった」
- ☐ 自分を卑下する「どうせ私なんて」
- ☐ 自己批判「あぁ―ダメだなぁ」
- ☐ 忙しい、余裕がない「もう、無理！」「面倒くさい」
- ☐ 現実逃避「買い物して、美味しいものでも食べて、忘れよう」
- ☐ 不慣れ「やったことがないし、よくわからない」
- ☐ 不安「こんな私だと、きらわれちゃう」
- ☐ 恐れ「〜になったら、どうしよう」
- ☐ しがらみや役割、完璧主義「こんなふうに思っちゃいけない」「〜べきだ」
- ☐ 申し訳なさ、ほかの人が優先「ほかの人も我慢しているし」「私はわがままだ」
- ☐ 比較「あの人はいいなぁ」
- ☐ 過小評価「たいしたことない」
- ☐
- ☐

POINT

これらの考え方や言葉が「ダメだから、改めるべきだ」「感じないようにしよう」というのではありません。まずは「そうなんだね」と、気づくことが大切です。

NVC の自己共感とは

NVC が最も真価を発揮するのは「自己共感」だ、とマーシャルは言いました。全てのつながりの根っこは、自分とのつながり。自己共感は、NVC の真髄であり、出発点です。ほかならぬ自分とのコミュニケーションが先決です。

NVC では２つの要素を用いて、自己共感します。自分の内へと深く入っていく旅のおともに、頼りになる２つのコンパスが用意されている、と思って下さい。

１つ目は、「感情」。気持ちとか、感じていること。
２つ目は、「ニーズ」。大切にしていること、満たしたいこと。

「ニーズ」とは、馴染（なじ）みがないものですが、自己共感を深めていくために、とても役立つ大切なポイントです。NVC は「ニーズ言語」と呼ばれるぐらい、ニーズを特徴的なものとして扱います。

NVC の自己共感を心がけていくと、「全ての感情や経験は、自分の責任」という自覚が芽生えてきます。そのため「誰かのせいにすること」が、とても少なくなってきます。まさに心に敵がない非暴力の状態へと、自然に近づいていくのです。

NVC の自己共感とは

自分の「感情」と「ニーズ」に気づいて
寄りそうこと

感 情

「感情」って何だろう？

感情とは、気持ちや、感じていることのこと。あなたは自分の気持ちを大切にしていますか。そもそも気持ちって、大切なのでしょうか。

気持ちこそ、あなたが誰かを決定づけている、とても大切なこと。あなたの気持ちこそ、あなたらしさです。あなたから気持ちを取ったら、ロボットになってしまう。私はそう思っています。

ほとんどの人は、「感情教育」を受けてきませんでした。そのため、感情といわれると「嬉しい」「楽しい」「悲しい」「つらい」ぐらいはわかっても、それ以外の感情はわからないし、いろいろな感情を表現するための語彙も乏しい。「どんな気持ち？」と聞くと、「まぁ、フツー」「別に〜」と答える子どもがいますが、大人だって感情を表現することに長けている人は、それほどいません。

感情よりも、教えられてきたのは「正しい考え方や行為」。あなたがどう感じようと、親や先生の言うことには従いなさい、という教育でした。「重要視されたのは、感情ではなくて、正しい考え方だった」と、マーシャルも学生時代を振り返って伝えています。

特に日本は、自分の気持ちよりも周りと調和することが美徳とされる文化です。人にどう思われるか、人目を気にして、表面的な会話だけにとどまってしまっている人もいるでしょう。

空気を読みなさい。周りに溶け込みなさい。男の子であれば、悲しくても泣かないように。女の子であれば、かわいく笑っているように。年齢、性別、役割、立場、責任、道徳、そういった絶対的とされる属性や枠組みの中でそつなく生きていくために、私たちは感情を度外視して、つまり自分

を置き去りにして生きてきてしまいました。

でも感情こそ、自分自身を自分自身たらしめている大切なもの。感情を知ることは、自分をよく知ること。感情を大切にすることは、自分を大切にすること。自分にぴったり、つながることです。

どんな感情も、受け入れよう

そうはいっても、イライラする、やる気が出ない、つまらないなど、俗にいうネガティブ（負）な感情は受け入れにくいものです。「そんなふうに思ってはいけない」という抵抗や、「こんなことを感じたらきらわれるんじゃないか」という不安、「親として、どうか」という評価を気にして、正直な感情に蓋をしたり、なかったことにしたりしがちです。

そんなふうに押し込めた感情が溜まりに溜まって爆発し、子どもを傷つけてしまうということになりかねません。また、ストレスで心身の病気を患ってしまうこともあるでしょう。東洋医学では、「肺には悲しみ、肝臓には怒り、脾臓には悩み、腎臓には恐れ、心臓には焦りが溜まる」ともいわれ、近年、感情と病気の関係性も指摘されています。

本当の自分の感情がわからず、それを表現しない代償は、あまりにも大きいものです。自分を生きている実感がつかめないし、自分が誰かさえ見失ってしまうことにもなりかねません。

そうならないためには、これまで見て見ぬふりをしていた感じたくない感情こそ、ゆっくり時間をかけて味わってみる必要があります。早くそこから逃げ出したいし、怖くて嫌気がさしたりするかもしれない。でもその痛みを感じきること、全ての感情を誠実に味わうことこそ、豊かな人生のた

めに大切な行為です。

自分の心の声を聴くようにつとめて、いろいろな感情を味わってみましょう。p.66-67 と p.212 に「感情リスト」を用意しました。

あなたは、
自分を定期的に
訪問していますか?

*Do you pay
regular visit to yourself?*

Rumi （1207-1273）
ルーミー

イスラムの神秘派スーフィーのマスター。
ペルシア語文学史上最大の神秘主義詩人といわれ、
精神世界を表したルーミー の詩は、
今でも読み継がれている。

今、どんな気持ち？

負の感情こそ、優しく抱きしめてあげましょう。仏教では、「あなたの中の悪魔（マーラ）と仲良くすることが、人生を豊かにする」と説いています。

「負の感情を味わうと、どんどんネガティブ思考になってしまうのではないか」って？　いいえ、そんなことはありません。自己共感のもうひとつの要素「ニーズ」を理解すると、「負の感情こそ、自分が何を欲しているかを教えてくれる大事な感情だ！」と思え、扱い方も上手になります。

喜び

幸せな
嬉しい
楽しい
至福な
誇らしい
ありがたい
すっきりとした
爽やかな
イキイキとした
オープンな
生命力にあふれた
明るい
キラキラした
クリアな
感激の
愉快な

反感

ぞっとする
軽蔑する
退屈な
嫌悪感がある
ねたましい
うらむ

主な感情リスト

悲しみ

悲しい
寂しい
不幸な
落ち込んだ
みじめな
がっかりした
絶望的な
残念な
心が重い

暗い
憂鬱な
ふさぎ込む
行き詰まった
孤独な
後悔した
打ちひしがれた
打ちのめされた

いとおしい
信頼している
くつろいだ
のんびりした
静かな

疲労

うんざりした
くたくた
やる気が出ない
あきあきした
無力な

恐れ

落ち着かない
心配な
怖い
不安な
不安定な
パニック
おびえた
躊躇する

心動かされる

感動している
わくわくした
夢中な
興奮した
好奇心のある
魅了された

ウキウキした
ドキドキした
とりこになる
驚いた
びっくりした

動揺

慌てた
困った
複雑な
どぎまぎした
かき乱された
落ち着かない
ショックを受けた
居心地が悪い
肩身が狭い
歯がゆい
おろおろする
屈辱的な
混乱した
恥ずかしい

平安

穏やかな
落ち着いた
安定した
安心した
平和な
満足な
優しい
満たされた
ほっとする
解放された

怒り

怒っている
腹が立つ
むかつく
きらっている
イライラする
不愉快な
不快感のある

感情を大切にするステップ

自分の内にあるさまざまな感情に気づくことが大切です。次のようなステップを参考にしてみましょう。

ステップ 1　スローダウンする

頭の中がいっぱいだと、心の声は聴こえてきません。「時間がない」「そんなことしても無駄」「無理！」。そう思う時こそ、スローダウンして、立ち止まります。その場でできなかったとしても、子どもが就寝した後など、ほんの少しでもいいので、自分時間を確保します。

ステップ 2　深呼吸して、心身をほぐす

呼吸は感情につながる最高のツールです。吸う息、吐く息、一つ一つに集中して、深呼吸を繰り返します。「はぁ～」と大きな声でため息をついて、あごや肩に入りがちな力も抜きましょう。

ステップ 3　「心」に意識を集中させる

感情は頭で考えるものではなく、心（心臓、ハート）で感じるもの。心臓のあたりに手をそえると、集中力も高まります。まるで心臓で呼吸するように意識すると、共感をつかさどる脳の部位が活性化されてきます。p.70の「ハート呼吸瞑想」も役立ちます。

ステップ 4　「どんな気持ち？」と、自分の心に聴く

思考も身体も緩んできたら、「どんな気持ち？」と心に聴いてみます。たくさんの感情があるでしょう。感じてはいけない感情はありません。どんな感情も否定せずに受け入れましょう。

ステップ 5　感情を表現する

感情を言葉にします。くたくた、わくわく、ふわふわ、しゃきしゃきなど
擬態語、擬音語で表したり、オリジナルの言葉を作ったり、色やイメージ、
音楽で表してもいいですね。感情リストも、参考に。表現することで、よ
り具体的に感情を味わいやすくなります。

ステップ 6　感情を味わう

焦らず、せかさず、時間をかけます。書き出したり、全身で感じてみたり。
「そうか、そうか」と誰かが肩を寄せてくれているイメージをしてみたり。
自分がその感情を素直に受け入れられるようになるまでゆっくりと時間を
かけます。（強い感情の扱い方は、p.148 も参考に）

最初のうちはつかめなくても、あきらめずに繰り返していきます。「肩の
あたりが重い」「胸がキューッと縮こまる」など、心だけでなく全身の感
覚へも意識をめぐらすと、感情が見つけやすくなります。

やっているうちに、反射的にスローダウンして心の内をのぞき込み、「今、
どんな気持ち？」と自分に聴いてみるクセが身についてきます。感情を
キャッチできるスピードも速まり、感情を表す語彙も増えてきて、自分に
ピタッとつながった！　自分が理解できた！　という瞬間が、増えてくるは
ずです。

ハート呼吸瞑想（めいそう）

NVC の考えを取り入れた「コネクション・プラクティス」というものがあります。これは「ハートのコミュニケーション」などと呼ばれています。頭ではなくハート（心臓）を活性化することで脳にも反応が起こり、一人一人の中にある共感力が高まることがわかっています。

「ハート呼吸瞑想（めいそう）」をやってみましょう。一人でゆっくり静かに座れる場所で、目を閉じて行います。両手を重ね合わせて心臓の上にそっと置いてあげると、集中力が高まります。

次の３つのステップで、数分間かけて進めていきます。

ステップ 1 ハートにフォーカス

頭の中にあるこぶし大ぐらいの脳みそが、頭を離れてゆらゆら下のほうにおりていき、しまいには心臓に到達するようにイメージします。まるで心臓がパクッと脳を食べてしまうように！ 全意識、心臓に集中です。

ステップ 2 ハートで呼吸

吸うたびに心臓が膨らみ、吐くたびに心臓がしぼむ。まるで心臓で呼吸しているようなイメージで、吸って５秒、吐いて５秒ぐらい、ゆったりとした呼吸を繰り返します。心拍リズムが落ち着くまで、数分間ほど続けます。

ステップ 3 ハートで感謝

瞬時に「ありがたいなぁ」と思えること（子どもやペットのかわいいしぐさ、旅先の美しい風景など）をイメージし、そのエネルギーで心を満たします。ゆったりとした呼吸で、全身にも広げていきます。

こうすることで、心臓から脳へ送られる信号に変化が生まれ、共感力が高まるほか、直感や洞察力がさえる効果があります。慣れてくると「心につながった」という感覚が、すぐにおとずれるようになります。私が自分の心とつながりたいと思った時に行う、大好きな瞑想法です。

※ハート呼吸瞑想（めいそう）は、正式には「クイックコヒーランステクニック」といい、米国ハートマス研究所が、洞察や共感を高めるとする研究結果を出しています。日本では、洞察と共感を組み合わせた「コネクション・プラクティス」を、一般社団法人ラスール・ジャパンが伝えています。
https://rasurjapan.com/

思考と感情、どっち？

思考と感情は、両方とも自分の内側にあるものですが、明確な違いがあります。混同しないように、気をつけましょう。

思考は「頭」で考えていること。そこにはしばしば思い込みや決めつけ、分析や批判も入り込みます。一方、感情は「心」に表れることで、自分自身の心の中で息づいているエネルギーです。

次の項目は、考えていること（思考）？　それとも感じていること（感情）？
感情に♡マークをつけてみましょう。

WORK

- ☐ 1. なんでそんなこともできないんだろう
- ☐ 2. うらやましいなぁ
- ☐ 3. 私のこと好きじゃないって、感じる
- ☐ 4. ほんとうにありがたいなあ
- ☐ 5. こんなこと、うまくできるはずがない
- ☐ 6. こんなふうに思ったら、ダメだな
- ☐ 7. やる気が出ないなぁ
- ☐ 8. もっと優しいお母さんでいなくっちゃ
- ☐ 9. やってみるのが怖い
- ☐ 10. あなたは私をイライラさせる

♡ は、2, 4, 7, 9

POINT

うらやましい、やる気が出ない、怖いなど、ネガティブな感情も、立派な感情です。一方、3のように「感じる」がついても、相手がどう思っているのか、話し手の判断（思考）が入り込んでいる場合があります。また10のように「〜させる」とついた時は、相手のせいだという決めつけが入っています。「あなたの話を聞くと、私はイライラする」のように、自分の感情を正直に伝えるよう言い換えます。

「ニーズ」の世界へようこそ

自己共感の2つ目の手がかりは、ニーズです。ニーズは、感情からさらに深く、自分の内の世界を探求するために大活躍してくれる、NVCならではのとてもユニークなコンパスです。

ニーズとは、感情の大元にある必要としていること。一人一人の大切な価値観、満たしたいことです。NVCには、子どもも大人も、誰でも命あるものは、毎瞬毎瞬、何かしらのニーズをかなえようとして生きている、それをみんなが大切にし合おうという原則があります。

私はNVCを始める前、ニーズを意識したことなんてありませんでした。ニーズという概念も、知りませんでした。

散らかった子ども部屋を見るにつけ、イライラし、自分の感情が乱れるのは、子どもが言うことを聞かない悪い子で、片付けないからだ。そんなふうに子どものせいにして、やるべきことを強要していました。

それがNVCを始めてからは、こんなプロセスに変わりました。

（子どもを責めたくなる瞬間、スローダウン。ひと息ついて、自己共感をすることを思い出し、心につながって）

⇨ 私の感情は、悲しい、イライラする、残念、情けない。そんなことがありそうだ。そして感情の大元にあるニーズは…。

> 「整理整頓」
> 「協力」
> 「理解」

⇨ 整理整頓、協力、理解。そういった私が大切にしていること（これが
ニーズです）が満たされていないから、私は悲しいし、イライラするんだ。
それをキリン語で伝えてみよう。

⇨「ママは悲しいな（感情）。どうしてかっていうと、ママには整理整頓
とか、協力、それにママのことを理解してもらうことが大切（ニーズ）だ
けど、それが満たされてないから」

こう言えた時、私の中で大きなシフトが起こりました。「ニーズを意識す
ることで、心に敵がいない世界は可能だ！」と、体感できたのです。

「早く片付けなさい！」と一方的に怒鳴られるのと、「ママの大切にしてい
ることがかなわないから、悲しいな」と伝えられるのとでは、子どもの受
け取り方も変わります。いつもは反発する子どもも、私の気持ちをよく理
解してくれたようです。その先の子どもとのやりとりについては、p.20
に記しました。

ニーズとは

感情の大元にある
必要としていること、満たしたいこと

ニーズをかなえようとして、
みんな毎瞬毎瞬、生きている

意 味

自発性
独立
空間
スペース
余裕
刺激
一貫性
透明性
存在感
効率
希望
学び
成長、進化
参加
流れ（フロー）
美しさ
自己表現
自由
選択
貢献
挑戦
達成

使命
自信
命の祝福
明晰さ（クリア）
探究
目的
意味
能力
気づき
嘆くこと
許すこと

身体的なもの

空気
食べ物
水
住まい
休息
睡眠
活動
運動
安全

主なニーズリスト

遊び

楽しみ
笑い
イキイキ
わくわく
ユーモア
発見
冒険
多様性
創造性

平和

調和
平等
公正
交流
リラックス
気楽さ
秩序
予測可能
親しみやすさ

つながり

受け入れられること
認められること
見てもらう
知ってもらう
理解すること
理解されること
あたたかさ
触れ合い
所属・帰属意識
仲間
親密さ
誠実さ
共感
協力
配慮、気づかい
思いやり
感謝
安心
安定
尊重
尊敬
信頼
相互依存
コミュニティー
気の置けなさ
支え、サポート
そこにいる、ある

大切なニーズを５つ選ぼう

今のあなたの大切なニーズを p.74 から 75 のリストを参考にして、５つ選んでみましょう。正解があるわけではありません。人それぞれ、その時々によって、満たしたいニーズは異なります。

例：休息／自由／理解されること／仲間／安心

「ニーズ」は、感情以上に、最初はよくわからないかもしれません。だからこそ、その都度探っていく。それが NVC のトレーニングです。

リストにないものもあります。ひと息ついて「自分が大切にしたいものは、なんだろう」「もっと満たしたいものはなんだろう」と心の内側に聴いてみて、書き出してみよう。

「犯人探し」から「宝探し」の世界へ

「子どもが静かにしないから、私はイライラする」
「子どもが早くしないから、幼稚園に遅れて困る」
「パートナーが子育てに協力してくれないから、悲しい」

こうやって「誰かのせいにする」思考パターンのことを、私は「犯人探し」の世界、と呼んでいます。私たちは、犯人探しが大得意です！

一方、ニーズの世界は「宝探し」の世界です。ある出来事に反応して心が動いた時、とっさに誰かのせいにするかわりに、自分の内側に原因を探り、「ニーズ」という宝物を見つけます。

「子どもが静かにしないから、私はイライラする」

「穏やかに過ごすことが大事だから、私はイライラする」
（ニーズ：ゆとりやスペース、穏やかさ）

「子どもが早くしないから、幼稚園に遅れて困る」

「一日をスムーズに始めることが、私には大事。登園時間というルールを守ること、送り届けた後の一人の時間も大切。だから遅れると困る」
（ニーズ：フロー、規律、社会参加、スペース）

「パートナーが子育てに協力してくれないから、悲しい」

「私には、子育てを一緒にする仲間がほしいし、そのことについての理解も必要。休む時間も大切。でもそれが満たされていないから、悲しい」
（ニーズ：仲間、理解、休息）

NVCのニーズ意識は、こんなふうに「犯人探し」から「宝探し」の世界へ、あなたを導いてくれます。

宝探しの世界には、敵が存在しません。あるのは、自分自身がもっと注意を向けて大切にしたいニーズだけ。誰かを変えよう、コントロールしようと頑張らなくていいので、心がずっと楽です。

NVCの大切な原則は、こうです。「人の言動は、自分の感情を刺激したり引き金になったりすることはあっても、原因になることは、決してない」

つまり「全ての感情の責任は、自分」。これを肝に銘じておき、感情が揺さぶられても人のせいにせず、自分の内側にニーズ探しをしていくように心がけていきましょう。

NVC の原則

人の言動は、
自分の感情を「刺激」したり
「引き金」になったりすることはあっても
「原因」になることは、決してない

ニーズの探し方

NVC に出会ってから、私はことあるごとに「ニーズはなんだろう」と、自分に問いかけるようになりました。特にカチン！　ときて、子どものせいにしそうになった時こそが、勝負です。深呼吸して「ジャッカルがいるな」「くやしいんだね」などと気づき、責めている自分にも共感します。

その上で、「全ての感情の責任は、自分！」と念仏のように、繰り返し頭の中で唱えます。まるで自分がキリンになったようにイメージすることもあります。キリンは「ニーズ、ニーズ」とつぶやいて、私の心の内側を見つめます。宝探しの始まりです。

感情を捉えるのがハート（心臓）だとすると、ニーズはもっと下のおなかのあたりで感じやすい、と私は捉えています。ここは丹田と呼ばれる身体の部位で、東洋医学では「気（生きる根元のエネルギー）」が集まるとされるところ。ニーズとは「命の原動力」と表現されたりもします。ここに意識をじーっと、とどめます。

慣れていないので、宝物はなかなかすぐには見つからないかもしれません。でも、まるで懐中電灯で暗闇を照らすようにおなかの中を眺めていると、「こんな宝物があったんだ！」と、ひょっこり見つかるようになってきます。「穏やかさ」「理解」「協力」など、大切にしたいニーズに名前をつけます。説明くさくならないよう、端的な言葉で表現するといいでしょう。

ニーズとは、自分の本質を知ることです。ニーズがわかると、自分に出会い直すような新鮮さや感動があります。「なるほど！　私って、そんなことを大切に思っているんだ。だから反応していたんだ」というように。

いやなことがあった時の２つのパターン

「誰が／何が間違っているか」の犯人探しから「何が大切か」の宝探しに
意識をうつすことで、敵がいない平和な世界をつくりましょう。

これまでのパターン

犯人探し

誰がどう間違っているか、
感情の原因を探して、責める

これからのパターン

宝探し

何が大切か、
感情の大元のニーズとつながる

 ジャッカル語が、得意

<外向きジャッカル>
相手を責める
「あなたが 〜 だから」

<内向きジャッカル>
自分も責める
「私がダメな親だから」

ますます対立！

 キリン語が、得意

<外向きキリン>
相手の大切なことにつながる
「あなたの 〜 というニーズも大事」

<内向きキリン>
自分の大切なことにつながる
「私には 〜 というニーズが大事」

平和への
大きな一歩！

こんな時のニーズ探し

子育ての場面で、うまくいかなかったり、気になっていたりすることを一つ、心にとめます。どんなジャッカル語を発することが多いですか。
そんな時のニーズを探ってみましょう。満たされていないものは、なんですか。例を参考にして、書き出してみましょう。p.74 から 75 のニーズリストも参考に、短い言葉で表現することを心がけたほうが、ニーズをはっきり理解しやすいです。

あなたの子育ての場面

例：子どもがご飯の時間になっても席について食べない

よく使うジャッカル語

例：「なんで食べないの！　悪い子ね」

その時のニーズ

例：子どもの健康、理解、安心

 「全ての感情の責任は、自分！」と思い出そう。

「感情」と「ニーズ」による自己共感

感情とニーズを頼りに、自分の内側に息づいていることにつながる。それが NVC の自己共感です。こんな問いかけを、常に自分にしていきます。

今、どんな気持ち？（感情）
それは、何が満たされているから／満たされていないから？（ニーズ）

まずは、自分の感情に気づきます。どんな感情も、あるがままに受け止めます。それが嬉_{うれ}しい、楽しい、穏やかなど、ポジティブな感情だとしたら、〈つながり、安心、協力などの〉ニーズが満たされていることになります。

一方で、悲しい、やる気が出ない、むなしいなど、ネガティブな感情だとしたら、〈仲間、理解、休息などの〉ニーズが満たされていないことになります。

そう捉えるとネガティブな感情は、それを悪者扱いすることがないどころか、満たされていない大切なニーズがあることを教えてくれる「サイン」ともいえます。

ネガティブな感情こそ、ニーズという宝物に辿りつく道しるべ。自分を深く掘り下げ、大切にしたいことを教えてくれるギフトです。

私はネガティブな感情を感じた時こそ、「満たしたいニーズとは、なんだろう？」と、もっと自分を知っていくためのきっかけに利用して、自己共感を深めるようになりました。

感情とニーズのこんな関係性を覚えておくと、自己共感の際、役立ちます。

ポジティブな感情

「私は、〇〇と感じる（感情）。
それは、〇〇が満たされているから（ニーズ）」

ネガティブな感情

「私は、〇〇と感じる（感情）。
それは、〇〇が満たされていないから（ニーズ）」

自己共感のステップ

自己共感の力は、練習すればするほど、まるで筋肉のように少しずつ鍛えられていきます。次のページのようなステップを参考にしてみましょう。

ステップ 1　感情を全て吐き出す

「なんだと思っているの！」「ほんとムカつく！」「あぁーまた言っちゃった」。やり場がない気持ちこそ、無理におさえようとせず、ジャッカル語で書き出したり、独り言でつぶやいたりして出しきりましょう。身体を動かすなど、気分転換も上手に取り入れて。

ステップ 2　感情を探る

自分の心の声を聴きます。心の奥にもぐっていくと、さらにたくさんの感情があったりします。怒りの下には、悲しい、かまってほしい、認めてほしい、愛されたいなどの感情が隠れているかもしれません。感じてはいけない感情はありません。一つずつ丁寧に名前をつけると、感じやすくなります。p.66-67、p.212の感情リストも、参考に。

ステップ 3　ニーズを探る

感情の大元は、なんでしょう。犯人探しをするかわりに、宝探しをします。どんなニーズが満たされていないから、その感情を味わうのか（どんなニーズが満たされているから、その感情を味わうのか）、おなかのあたりを探って、ニーズを探しましょう。p.74-75、p.213のニーズリストも、参考に。

ステップ 4　感情とニーズに、寄りそう

感情とニーズを、呼吸しながらゆっくり全身で味わいます。「○○という感情があるのは、○○というニーズが満たされていないからなんだね」と。肩を並べて、親友の話を聴いてあげるように。全ての感情やその源泉のニーズを味わう時間とスペースを、自分にたっぷり与えてあげます。

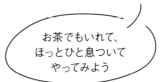

お茶でもいれて、
ほっとひと息ついて
やってみよう

自己共感に役立つのがジャーナリング、別名「自己共感日記」です。書き出すことで内面が可視化され、腹に落ちて、自己受容、自己理解が深まります。私はほぼ毎晩、就寝前の10分ほどでやっています。心の整理をするセルフ・ケア手法として、とてもおすすめです。

方法とポイント

・ひと息つきます。自分の心につながり、そこにある感情をなんの制限もなく、書き出していきます。愚痴や負の感情が大半をしめる「ブラック日記」になることもよくあります！　誰かに見せるものではないので、ありのまま正直な気持ちを紙にぶつけます。心と紙の間に、距離がないようにすることが大切です。手元に感情リストも置いて、参考にします。

・感情を頼りに、ニーズも探求します。ニーズリストも参考にします。ニーズを満たすためにどうしたらいいのか、前向きな一歩が見つかったり、思ってもみなかったアイデアが思いついたりもします。

・通常の日記とは違うので、経験したことを全て網羅することはしません。心の中に息づいていること、気になっていることだけを、書き出します。パソコンやスマホを使うより、直筆で書くほうが本心が出やすいともいわれています。

・時間帯は、朝でも夜でも、好きな時で構いません。「毎朝、子どもを起こす前の5分」など、譲れない自分時間を確保して書くクセをつけてみましょう。一日のルーティンに組み込むと、習慣にしやすいです。数日抜けてしまっても、また新鮮な気持ちでスタートしましょう。

・気になることがある時は、別途ノートに向かうこともあります。大切な自分とのデートの時間のつもりで、丁寧に心に向き合ってみましょう。

ジャーナリングのすすめ

初めての自己共感

あなたの子育てで、心が動いたことや悩みを取り上げ、感情とニーズにつながる自己共感のワークをしてみましょう。

まず気になっていることを、一つ書き出します。

> 例：ママ友と子連れで外出する時、何度注意しても、子どもが言うことを聞いてくれない
> ほかにもこんな例：兄弟ゲンカが絶えなくてイライラする／保育園の先生の対応に腹が
> 立つ／パートナーの帰宅時間が遅く、子育てに協力してくれない

「こんなはずじゃなかったのに。なんで!?」そんな時、あなたはどうしていますか。子どもが悪い、自分が悪いと責めていますか。どんな感情も OK。ジャッカル語も書き出します。

> 例：（外向きジャッカル）「なんでいつも言うこと聞いてくれないの!?　ママ、恥ずか
> しいよ、全く。もう、今度から家に一人で置いていくからね!!」
> （内向きジャッカル）「せっかくのお出かけなのに、台無しにされてうんざり。
> むかつく。あーあ、逆に疲れちゃった。それに○○ちゃんは、いつもお行儀がよく
> て、うらやましいなぁ。きっと私の育て方がいけないんだわ。あーあ、きっともう、
> お誘いも来ないだろうなぁ」

ゆっくりと呼吸しながら、自分の心の内側をのぞいてみます。どんな
気持ちがありますか。実は感じないようにしていた、もっと奥深くに
ある感情もあるかもしれません。一つずつ書き出してみましょう。

例：腹が立つ、やるせない、疲れた、残念、うらやましい、心配、落ち込む

気持ちの大元にあるニーズを探してみます。「こんな気持ちを感じる
のは、どんなことが満たされていないからなんだろう？」と自分に
問いかけます。

例：楽しみ、気軽さ、つながり、仲間、認められること、自信、安心

ニーズという宝物が見つかると、どんな感じがしますか。

例：状況の捉え方が少しシフトするような、不思議な気持ち。犯人探しの世界から解放
されたような安心感もある。

感情とニーズを使って、言い換えてみましょう。

例：私は、腹が立っているし、やるせない気持ちがする。疲れた。それは、友達との楽
しい時間やつながりが、私にとってはとても大切だから。子育て仲間とのつながり
や親としての自信も大切。それが満たされてないから、不安で落ち込んでいる。

自己共感をしたことで、見方がシフトしましたか。
あれば書き出しましょう。

例：楽しいことをしてつながったり、認められたりすることは、私にはとても大切なこ
となんだと再確認できた。自分を責める気持ちも、自然にやわらいだ感じがする。
子どもも楽しくて興奮していただけなんだって、理解してあげられるし、優しい気
持ちになれる感じ。

自己共感すれば、全てが解決してうまくいく！というわけでは
ありません。それでも、自分が望んでいることの理解が深まり、
それをかなえるために、具体的で前向きな行動が取りやすくな
ります。あなたの宝物が見つかりますように！

正直に、愛を持って伝える

自己共感して自分の内側で何が起こっているかわかったら、今度はそれを外側に向けて、伝えてみましょう。

かまってほしいと子どもが騒いだら「静かにしてよ！」と言うジャッカル語ではなく、「今、ママはリラックスすることが大事なの。10分くらい、静かにしていてもらえるかな」と外向きのキリン語で伝えます。

パートナーや周りの人に協力をあおぐ時も、気をつけます。今までは「一人で大変なんだから、もっと協力してよ」と攻撃的になったり、「私の大変さなんて、あなたは全然わかってくれない」と、いじけていたりしていたかもしれません。

そうではなく、この場合もニーズを含めて伝えます。「すごくイライラしちゃう。私には、一日のうち静かな時間が必要だから、育児にもっと協力してほしい」「私は悲しい。理解してもらうことが大切だから、あなたに話を聴いてほしい」というように。

NVCの定型文は、こうです。「私が〜という感情があるのは、〜というニーズが満たされていないからだ」。でもこれだと、ぎこちなく聞こえてしまいます。基本の文法を念頭に置きつつも、上記のように崩して伝えればいいでしょう。

また、伝える時には「責めるエネルギーが、みじんもないか」がとても大切です。「協力っていうニーズがあるのに、それがかなわないから、私は悲しい！」と、怒った顔をして強い口調で言ったとしても、「見せかけのキリン語」になってしまいます。そんな時は、もう一度、自己共感に戻ります。「私、むかついてる！　それは理解されることが大事だから」とい

うふうに。

伝えたからといって、ニーズがかなうとは限りません。それでも自分が把握できたり、伝えたりするだけでも、気持ちが落ち着く時も多いです。ニーズがすぐにかなうことを期待したり、結果に執着したりしないようにしましょう。

遠回しにせずに、本音を率直に伝えられたら、相手の心に届く確率も高くなります。正直さには、つながりを生むパワーがあります。結果的に、ニーズも受け止めてもらいやすくなります。

もちろん、子どもやほかの人にもたくさんの感情やニーズがあります。ほかの人への共感の方法は、LESSON 3で詳しく見ていきますが、まずは自分の内面で起きていることを、自分自身がはっきり把握すること。そしてそれを誰かのせいにすることなく、ニーズに沿って伝えることを心がけていきましょう。

「おしおき」と「ごほうび」

「早く寝ないと、おばけが来るよ」
「お風呂に入らないと、お菓子は買わないよ！」
「ご飯を全部食べられたら、デザートね」
「幼稚園に行ったら、帰りにアイスを買ってあげようね」

そんなふうに、「〜しなかったら、〜してあげない」「〜したら、〜してあげる」と、罰やごほうびを使って、子どもの行動を変えさせようとしていませんか。私もしょっちゅう使っていた作戦です。

やりたくないことをさせるためにインセンティブ（動機付け）を与えるのは、人間の行動を変えるためによく使う手段です。
でもマーシャルは、言いました。大事なのは「どんな理由で子どもにそうしてほしいか」だと。まずは、その理由は何かを自分自身が明確にして、子どもにも伝える必要があります。

「早く寝ないと、おばけが来るよ」の場合は、どうでしょうか。

「ママは心配だな。しっかり身体を休めないと、明日、元気に過ごせないかもしれないから。ママにとっては、あなたの健康がすごく大事なんだ」

「イライラしちゃうな。あなたが寝ないと、ママのゆっくりする時間が短くなっちゃうと心配になるから。ママは一人でリラックスする時間を大切にしたいんだ」

こんなふうに感情とニーズを含んで伝えることで、子どもはお母さんの気持ちを知ることができるとともに、早く寝ることが、お母さんのどんなニーズを満たすために役立つのか、理解できるでしょう。

逆にそれがわからないと、早く寝る動機が「おばけが怖いから」となり、純粋に寝ることが大切だからとか、お母さんを休ませてあげたいから、という思いからではなくなってしまいます。

こう伝えたからといって、子どもが早く寝てくれるとは限りません。それでも親の感情やニーズを正直に伝えることで、子どもは親のことがよく理解できます。そして自分はどうしたいのか、自分の行動がほかの人にどう影響するのか、誠実な人間の関わり合い方を学んでいくのです。

親の真のニーズを伝える

よく言ってしまいがちなこんなジャッカル語を、自分のニーズにつなげて
キリン語に翻訳してみましょう。

WORK

「明日、遊びに連れて行かないよ！」
⇨

「お片付けをしないと、ゼリーはなしよ」
⇨

「幼稚園に行ったら、絵本を買ってあげようね」
⇨

POINT

その都度、ニーズにつながって丁寧に伝えるためには、相当
の練習が必要かもしれません。落ち着いた心や、集中力も必
要です。毎回できなくても、たまにできれば OK。スローダ
ウンして取り組もう。ニーズリストも、参考に。

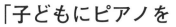
 5歳の娘は、ピアノを習っているのですが、最近、サボり気味なんです。やりたい！　って言うから、ピアノを買って先生も探したのに。やめたいとは言わないけれど、お教室に行く時もつまらなそうな顔をしています。もうすぐ、発表会があるから、それに向けて頑張ってほしいんです。どんな声がけをしたらいいですか？

 今までだったら、しかったり、ごほうびでつったりして、なんとかさせようとしていたかもしれません。でもまずのりこさん自身は、どんな気持ちか、探ってみましょうか。

 そうですねぇ…。（深呼吸して）

・すごく残念、がっかり。自分が言い出したことは、続けてほしい。
・腹も立つ。やりたいって言ったから、やらせてあげてるのに！　ピアノも購入したし、お月謝も払っている。恩着せがましくしたくないけれど、感謝してほしい。
・あきらめぐせがついてしまわないか、という心配もある。以前も、バレエを3ヶ月でやめてしまった経験があるから。
・無念にも思う。娘には才能があると思うので、期待もしている。

 よかったら目も閉じて、その調子で続けてみて下さい。何かほかにも聴こえてくる心の声があるのではないですか？

 確かに…。

・不安があるなぁ。あきらめちゃうことで、ダメな母親だと思われたくない、思いたくない。母親としての自信とも、関係している。
・自慢したい気持ちもある。発表会で、上手にピアノを弾いている子どもを見たい。
・ほかのお母さんに対して、ライバル心もあるかも。負けるもんか！　という。
・そう言えば、私自身が小さい時にピアノをあきらめちゃって、お母さんをがっかりさせた経験があるのを思い出した。その時の申し訳ない気持ちや、自分に対してのみじめな気持ちが、影響しているかもしれない。

 残念、がっかり、怒り、心配、期待、不安、自慢したい、くやしさ、申し訳なさ、みじめさ。いろんな気持ちがあるんですね。

じゃあ、この気持ちを手がかりに、のりこさんのニーズを探ってみましょうか。この気持ちの大元にある、大切にしたいものはなんでしょう。おなかのあたりに、意識をおろしていきましょう。

そうですね…。（さらに深呼吸して、目を閉じて）

・娘の「成長」や「学び」が、何より大事ですね。
・私も協力していることを「理解」してほしい。
・私自身が「安心」もしたいかな。
・いい母親だという「自信」も大切なニーズですね。
・周りに「認めてもらうこと」も満たしたいなぁ。
・あと私は「一貫性」とか「継続」っていうことに価値を置いてるんだと、今、気づきました。

たくさんの大事なニーズが見つかりましたね。ちょっと立ち止まって、それを感じてみましょうか。

すると、何か変化が起きますか。今までは「あなたがピアノを練習しないから、ママは残念だ」と言っていたかもしれません。ほかのどんな言い方ができますか。

「あなたがピアノの練習をしていないのを見ると、ママは残念だし、不安にもなるんだ。それはママにとっては、あなたが一つのことを学び続けて成長する、ということが大切だから」。そんなふうに、娘に伝えたいと思います。

それに、こんなふうにも自分の感情とニーズを整理できます。「ほかのお子さんがうらやましい。それは自分が子育てに失敗したくない、自信を持ちたい、安心したいというニーズがあるから」

これまでは、私の感情の原因を、娘に押しつけていたんだと思います。でも私の内側で起こっていることは娘の責任ではない、あくまでも私自身のニーズが満たされていないだけだ、ということが腑に落ちました。なんだか、もやもやの霧が晴れたような気がしています。

親のニーズを優先する

「ママをやめてもいいですか!?」というショッキングなタイトルのドキュメンタリー映画が、かつて話題になりました。なんと80%ほどの現役ママが「ママをやめたい！」と思ったことがある、という統計結果もあるほど。

「ワンオペ育児」や「産後うつ」も社会現象となり、虐待につながるほどのストレスを抱えてしまうお母さんも増えています。

親としてのニーズを考えてみましょう。

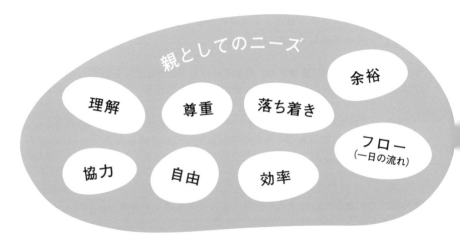

親としてのニーズ

理解　尊重　落ち着き　余裕　協力　自由　効率　フロー（一日の流れ）

ほかにも、満たされていないあなたの大切なニーズがありますか。

こうした大切なニーズが満たされないから、私たちはイライラするのです。イライラは、決して、子どもや周りの人や環境、ましては自分のせいではありません。そんなふうに捉え直しができますか。

ニーズがわかると、自己理解が進みます。ピタッと自分につながった感覚が生まれます。感情の責任を自分で取れるので、相手に強要したり、命令したりすることが減ります。相手をコントロールすることもなくなるので、楽になります。生き方自体が、潔くなっていきます。心に敵がいなくなります。それがニーズにつながる力です。

ニーズを味わうと、じゃあ自分自身はどう動けばいいのか、好奇心も芽生えます。ニーズをかなえるのは、自分の責任です。「自分の人生をもっと素晴らしくするために、私自身ができることはなんだろう」。そう捉えると、前向きな次の一歩も出てきたりします。

例えば、「余裕（スペース）」というニーズがあったとしましょう。気持ちの余裕、時間の余裕。とても大事なニーズです。余裕がある時は、共感もうまくできる。逆にない時は、全てがうまくいかなくなってしまう。

これまでは「余裕」というニーズが満たされていない悲痛の叫びとして「それぐらい自分でやって！」と、子どもや周りに責任を押しつけていたかもしれません。でも「余裕」を確保するために、一日のうち、わずかでも自分時間を取るよう工夫する、思いきって家事のサポートを頼むなど、自分が今すぐできることはきっとあるはずです。

平和はここから、私から。自分を幸せにするステップを踏むことで、ほかの人のニーズを満たす手助けをする余裕も生まれます。親が自分自身のことを大切にすることで、子どもも自分自身を大切にしていくことを学んでいくでしょう。自分の内側の宝探しをして、まずは自分のニーズを優先させましょう。

自分自身を愛さない人は、

けっしてだれも愛することができない。

愛の最初のさざなみは、

あなたのハートのなかに

起こらなくてはいけない。

あなた自身に起こっていないのなら、

それはほかのだれにも起こりえない。

OSHO（1931-1990）
オショー

インドの瞑想指導者、精神指導者、神秘家。過去や
未来にわずらわされることなく「今、ここ」に意識
を集中させることなどを説いた。

自己共感すると、かなうこと

自分という存在は、自分の一番近くにいるからこそ、よくわからないものです。何に反応してどんな感情になるかなんて、自分の内側を探るクセがないから、つい誰かのせいにしてしまう、誰かをはけ口にしてしまう。私は、今までそんなコミュニケーションの仕方しか、知りませんでした。

でもNVCの自己共感を知った今は、状況が全く違います。「自分がどう感じているのか」「なぜ反応しているのか」「何がかなうと幸せなのか」。毎回、自分に出会い直していき、自分の取り扱い説明書を制作しているような気分です。そのプロセスを通して、自分という確固たる存在が立ち上がってきて、何にもぶれない「自分軸」が育ってきます。

その感覚は、生きていく上での絶対的な安心感につながります。自分という存在の全てを受け入れてくれる人（つまり自分）がいる完全なる自己受容がかなうので、今ここに存在する自分にくつろげるようになります。

それを頼りにコミュニケーションをはかっていくと、誰かのせいにすることはしないし、誰かに認められたい、誰かを変えてやろうという、不要な力みもなくなる。自分の幸せをかなえるために、人を無理に使わなくなる。だから人間関係もストレス・フリーになる。後悔したり、落ち込んだりすることがあっても、リカバリー（回復）もずっと早くなる。

自己共感とは、ほかの誰よりも自分が自分自身を大切に、自分との健康的なつながりを保つ方法です。すぐにできなくても、何度でも、一生続くプラクティスとして実践していくことで、私たち一人一人の人生の幸福感や充足感につながることが、近年の研究結果で明らかになっています。

子育て中の親に「子どもにどんなことを大切にして育ってほしいか」と、聞くと、こんなふうに返ってきます。

・多様性の理解、周りとうまくやっていく力
・豊かな感性
・自己肯定感
・自分の頭で考える力
・大好きを見つけて没頭できる力
・周りの人とうまくやりつつ、個性を大切にする力
・自分の意見を持って行動し、伝える力
・柔軟に物事に対応できる力

あなたは、どうですか。

こんなことを子どもに求めるならば、まずは私たち親自身がお手本になるよう、心がけていくことです。でも、どうやって？　私はキリン語を学んでいく過程で、上記にあることは、ほぼかなう、と実感しています。

「見たいと思う変化に、あなた自身がなりなさい」というガンディーの有名な言葉があります。親が自分自身のことを認め、大切にする姿勢は子どもにも伝わり、子ども自身もそれぞれの存在を認め合って、大切にするように育ちます。

LESSON 2 では、感情とニーズを使って自己共感のワークをし、まずは自分自身に共感する大切さと方法を学びました。

LESSON 3 では、共感の態度を、子どもや周りの人たちにも向けることで、NVC が子育てにさらにどんな変化をもたらすか、体験していきましょう。

自己共感の世界

問いに対してのあなたの思いを書き出した上で、周りの人と話し合ってみましょう。

自己共感することで、感じる変化はどんなことでしょう。

自己共感をすると、子育てにどう役立つと思いますか。

自己共感をする人が増えたら、どんな世界になると思いますか。

自己共感をする人が増えたら…。
こんな世界になると答えた人もいます。

競争のない世界／比較のない世界／多様性を尊ぶ世界／
居心地のいいあたたかい世界／全てとつながっている世界／
環境破壊が減る／信頼し合える平和な世界／
経済のしくみが変わる／犯罪、虐待、いじめが減る
自己共感がかなえる世界を、まずは自分たち、親から実現していこう。

みんなの声 <自己共感する人が増えた世界はどうなると思う？>

相手を傷つけない言い方や
コミュニケーションを私たちは知らなすぎた。

それゆえに誤解しあったり、暴力的な言葉によって傷つけあってしまって
後悔したり。NVC は全く新しいコミュニケーションを伝えてくれます。

自分自身にも思いやりと優しさを向けて、

そして周りの人にも思いやりと優しさを向けるこの NVC のスタイルを一人一人が意識
することで、世界はさらに豊かで優しくて、生きやすい世界になると思います。
少なくとも私は、私の周りの世界がさらに優しく変化し始めています。

（eimy 30 代・神奈川在住）

もめごと、争いごと、かげ口、
上下関係のようなものが、
なくなる気がする。

もっと人を信用できるように

なれそうだし、
嘘もなくなるのかな、と思う。

（maiko 30 代・群馬県在住）

自己共感が広まり、
自分自身を認め、
相手の弱さや至らなさも認められたら、
優しく平和で
思いやりのある世界になると思う。
そんな世界に生きたいなぁ。

（Koutaro 40 代・長野県在住）

NVC で育まれた子どもたちが
つくる未来は明るくて、平和だと思う。

（Akane 32 歳・宮城県在住）

愛や感謝、勇気が出てきて、
人生を楽しめる人が増え

思いやりの気持ちで、
楽しみや苦しみもわかち合える。
助け合い、乗り越え、成長できる世界。

（moe itaya 29 歳・岡山県在住）

勝ち負けを決める攻撃的な
ケンカや対立ではなくて、
それぞれの違いを認めて調和させて、
建設的な話し合いができるようになるので、
平和になる。

目に見えない不安や恐怖、
妄想がなくなって、

誰もが安心して自分を生きられる気がする。

（momoko 38 歳・ハワイ在住）

多様性を認めやすい世の中
他者を思いやり、寄り添う
ことができる世の中にな

（maki 38 歳・滋賀県在住）

子どもやほかの人への
共 感

共感は、親も子どもも大きく成長させる鍵を握っている、優れた能力（スーパー・パワー）。誰もが持っているはずの「魔法」のようなものですが、ほとんどの人は、宝の持ち腐れ。その力を発揮していないのは、もったいない！ 子どもに共感できるようになると、子育ての平和指数がグンとレベルアップします。キリンの世界で、子どもと心を通い合わせた楽で豊かな子育てをしていきましょう。

EMPATHY IS SUPERPOWER!

試してみた、たった一つの態度

私が初めて、子どもへの共感の力を体験したエピソードを紹介します。

近所で友達と遊んでいた当時5歳だった娘が、泣いて帰ってきました。ケンカをしたのでしょうか。「もう、やだー！」と言って泣きついてきました。NVCを学ぶ以前の私であれば、こんな返答をしていました。

「気にしないで、大丈夫よ」（なだめる）
「泣かないで、おやつでも食べよう」（気をそらす）
「今度からは、もっと頑張ろう！」（励ます）

何かあると必要以上にポジティブなエネルギーで元気づけて、悲しかったりするネガティブな気持ちから、なるべく早く抜け出すのがいいことだ、と思っていました。

でもこの時ばかりは、自分の中にあるいろいろと言いたい衝動に気づいた上で、娘の内面で起こっていることに寄りそいました。何も言わずにしばらく肩をなでながら抱きしめました。その上で、こんなふうに返しました。

「そうかぁ、それは悲しいねぇ。仲良く遊びたいよね」

大きくため息をついて肩を落とし、「そう」とうなずく娘。私が返した言葉を味わっているようです。二人の間に流れる沈黙の中にあるあたたかい空気感を大切にして、娘につながりながら、ゆっくりと続けます。

「すごく残念だね。仲直りできるかどうかも、心配なのかな。お友達と仲良くしたいよね」

娘は母からせかされることなくしっかりと聴いてもらい、共感してもらっていることで、心を落ち着かせて、さらに深く内面に入っている様子。

「心配じゃないけど、むかつく。大切にされてない感じがするの」

しばらく暗い顔をしていましたが、なんと５分後にはケロッとした表情でまた元気に遊びに出かけていきました。「ありのままの私を、ママに受け止めてもらえた」と安心したようです。

「これが共感の力だ！」と、全身で感じたのを今でも覚えています。私の中では雷が落ちたように強烈な光のごとく、共感という態度がインストールされました。それが子どもに共感するという、NVC の練習の始まりでした。

子どもやほかの人への共感とは

私たちは、子どものために何かをすることにとても慣れています。それもなるべく効率よく、すぐに思い通りに解決してやろう、とすることに。

確かに、子どもよりも大人のほうが、知識も経験も豊富です。特に幼少期は、身の回りのことを手助けすることも必要です。助けてあげよう、解決してあげよう、励ましてあげよう。子どもに対しての愛情があるからこそ、なんとかしてあげようとあれこれ先回りして行動したり、前のめりに言葉をかけたりするのは、親として当然なことでもあります。

でも「こうあるべきだ」と強制したり、「こうしてほしい」という期待をしすぎたり、ましてや過保護や過干渉の態度で接したりしていませんか。お願いされていないのに励ましたり、アドバイスを与えたり、なだめたり

していませんか。

すると、子どもが自分の力で解決したり、乗り越えたり、感情を感じきったりする力を、奪ってしまいます。子どもと接する時は「目の前の子どものありのままを見守る」という大切なあり方が、抜け落ちてしまっていないか、注意が必要です。

共感とは、そのまま、あるがままを受け入れ、ともに感じること。没後も世界的に愛されている僧侶で詩人のティク・ナット・ハンは「愛する人よ、私は全身全霊、ここにいます」、そんな態度こそが共感であり、最高の愛のプレゼントだ、と説きました。

共感は、子どもの生きる力を信頼し、静かにあたたかく見守る態度。子どものために、ただそばにいるだけで、十分な場合も多いのです。

愛する人よ、私は
全身全霊、ここにいます

Darling, I'm here for you

Thich Nhat Hanh (1926-2022)
ティク・ナット・ハン

「今ここを丁寧に味わう」マインドフルネスや
平和の教えをわかりやすく説いた、ベトナム僧侶。
ダライ・ラマ 14 世と並ぶ、現代を代表する平和活動家。

キリン語とジャッカル語
コミュニケーションの分かれ道

心を動かす何かが起こる
例：子どもが食べ物を投げる

これまでは…　　　　　　　　　これからは…

ジャッカル語
暴力的なコミュニケーション

キリン語
非暴力コミュニケーション

子どものせいにする、
自分のせいにする

例：「やめなさい！　悪い子！」
「私のしつけがいけないからだわ」

深呼吸してスローダウン

もう一度、深呼吸に戻る

自己共感

私の感情は？
例：「悲しい！　むかつく」
私のニーズは？
例：「理解や協力が欲しい」

✕　分断や対立が生まれる

×わからない　　○わかる

子どもへの共感

子どもの感情は？
子どものニーズは？
心で理解するだけでもいいし、
言葉で伝えてもいい

例：イライラしてる？　何かわかってほしい？
遊びたいのかな。自分で決めたいのかな

×わからない　　○わかる

○　対話が始まる
つながりや
理解が生まれる

自己表現

自分の内側にあることを
正直に伝える

例：「ママは、一生懸命ご飯作ったから、
悲しいの」

励ましやアドバイスも、共感の後で

よく「え？ NVCでは、励ましたり、アドバイスしたりもしないのですか？」と聞かれます。

子どもに「励ましたい」「アドバイスしたい」と思うことは、よくあります。それが悪いわけでは決してありません。でも往々にして、共感をすっ飛ばしてコミュニケーションをしがちなので、まずは共感で、子どもの「今ここ」を存分に受け止めてあげて下さい、とお伝えしています。

自分がどうしたいかは、ちょっと脇に置いて、子どもの共感に徹する。ひと通り、子どもが表現しきったと感じた上で、「ママ（パパ）の話、聴いてくれるかな？」と聞き（リクエストの出し方は、LESSON4で説明します）、その上で、「うん」と返答があれば、伝えます。

NVCでは、褒めることもしません。「褒めるのも、しかるのと同様に、上から目線。パワーオーバー（支配や服従関係）になりかねない」と解釈するからです。「褒めることで、子どもの自尊心が育つ」ともいわれますが、私はあえて娘を褒めることをやめました。すると娘は褒めてほしい時は、「ママ、褒めてぇ」と言ってくるようになりました。同様に「励まして」とか「アドバイス欲しい」とも言います。その時々、自分が何を欲しているのか、よく自覚しているようです。

娘は、こうも言います。「NVCをやる前は、聞いてもいないのに、あれこれアドバイスしてきたよね。今はどんな話も聴いてくれて、私のことを受け入れてくれるから、なんでも話しやすいよ。」

アドバイスや励ましは共感的なつながりの後に、子どもが欲していれば与えるように、心がけてみましょう。

共感ではない態度やフレーズ

しかる「何やってるの！　早くしなさい！」
指摘する、間違いを正す「だから言ったじゃない」
批判する「それは違うよね」
評価する「そんなのたいしたことじゃないよ」
分析する「ママはあの子が悪いと思うな」
おどす「早く支度しないと、置いてくよ」

子どもやほかの人への共感ができている時

うなずく「うんうん、そうかそうか」
理解する「そうなんだね」
気持ちに寄りそう「○○っていう気持ちなんだね」
ニーズに寄りそう「○○が大切なんだね」
ともに探求する「こういう気持ちもあるのかな」
一緒に泣いたり、笑ったりする
そっとしてやる、見守る、ただそこにいる（沈黙）

これも実は共感ではない、暴力コミュニケーション!?

アドバイス「もっとこうしたほうがいいんじゃない？」
自分語り「パパもさ、小さい時はそうだったよ」
質問する「誰がやったの？」
なぐさめる「そんなに泣かないで」
安心させる、励ます「大丈夫だよ、あなたにならできる！」
ごほうびでつる「片付けたら、おやつあげるね」
褒める「よくできたねぇー」

子どもに共感できる時、できない時

LESSON 1 p.36 の自己共感の時のように、あなたのセルフ・チェック（自己診断）をしてみましょう。あなたは、子どもやほかの人への共感ができていますか。どんな時にできていて、どんな時には難しいですか。またそれは、なぜですか。

子どもやほかの人への共感ができる時

例：心に余裕がある時、相手の行動や意見に納得している時、
子どもの目線で物事を見ている時

子どもやほかの人への共感ができていない時

例：急いでいる時、解決したい気持ちが優先する時、子どもがなかなか言うことを聞かない時、自分の意見と違うことを言われた時

共感できた時、できない時、どんな気持ちになりますか?

 共感してもらった経験が少ないと、不慣れで難しく感じることもあります。だからこそ、キリンの態度と声がけを練習していこう！

魔法の言葉「今、どんな気持ち？」

では子どもへの共感の方法を、具体的に学んでいきましょう。

子どもに共感する時も、自己共感の時と同じように「感情」と「ニーズ」の2つのコンパスを使います。それはまるで子どもの内側に深くもぐり込んで、ともに旅していくような感覚です。

まずは「感情」、子どもの気持ちに共感します。NVCを始める以前、私は子どもの感情を大切にする方法なんて、まるで知りませんでした。そこで習得した魔法の言葉が、これです。

「今、どんな気持ち？」

「悲しい」「むかつく」、そんな返答があれば、寄りそいます。

「そうかぁ、悲しいんだね」「むかついているんだね」

返答がない場合も、無言で娘の気持ちに寄りそい続け、彼女の気持ちを推測し、言葉にして優しく投げかけてみます。

「悲しい？　むかついているのかな？」

娘は「うーん、それよりも、〜っていう気持ちかなぁ」などと返してきます。「どんな気持ち？」「こんな気持ち？」と問いかけられると、子どもも自らの感情に気づくきっかけを与えられます。普段から聞かれていると、子どもは自分の感情に自ら気づき、自分の感情を大切にするようになっていきます。

子どもに向ける「今、どんな気持ち（だったの）？」のフレーズは、子どもに共感する時に使う魔法の言葉です。積極的に使って、子どもの感情を聴いてみましょう。

例えば、スーパーでひっくり返って泣きわめく子どもに向かって、「もう何してるの、早く行くわよ！」としかっていたのが、今までのパターン。これからは「疲れているんだね。不愉快なのかな？」というように、子どもの気持ちを想像して、寄りそいます。

100%、正解である必要はないし、それが目的ではありません。推測で構わないんです。大事なのは、あなたがどんな気持ちなのか知りたいんだよ、という好奇心。そんな誠実な態度があれば、十分です。感情を大切にすることは、その人自身を大切にすること。その時々の子どもの感情を、大切にしてあげましょう。

子どもやほかの人への共感

LESSON 3

「ごめんねは?」ではない、感情教育の大切さ

子どもに「ごめんねは?」「ごめんなさいって、言いなさい!」と要求していませんか。言うことを聞かなかった、お友達に意地悪した、約束を破った。子育ての場面で、親がイライラ、ハラハラするたびに、子どもに謝罪を強要していませんか。

子どもたちがケンカした時は、どうでしょう。誰が悪いか、犯人をつくり上げて「謝りなさい」と、しかっていませんか。保育園や小学校の指導でも、こうした光景が時々見られます。ケンカがあったら、子どもたちに聞き取りをするなどして、事実関係は明確にする。でも結局は大人が仲裁して、子どもに「ごめんね」「いいよ」と言わせ、握手させて終わり、というケースも多いと聞きます。

これだと子どもがどう感じているのか、どんな気持ちでその行動を起こしたのかわからないし、子どもの気持ちが大切にされていません。子どもは自分の中のさまざまな感情に気づくことなく、「正しい」という価値観を上塗りして育つことになるだけです。必要以上に調和を重んじたり、人目を気にしたり、真の自分軸が未発達のまま他人の顔色をうかがう人に育ってしまいます。

また子どもが何かをもらった時に「ありがとうは?」と、お礼を強要するケースもあります。礼儀正しく育ってほしい、いい子だと思われたい、などという親の思いがあるでしょう。でも子どもがどんな感情を抱き、感謝を表現するかは、その都度、子どもが決めていくことです。

最近は「感情教育」の大切さについて、指摘する人が増えてきました。感情教育とは、さまざまな感情を味わった時に、その気持ちを存分に表現する方法を、体験とともに学ぶ教育です。

どんな教育も、まずは家庭から。身近にいる大人を真似して、子どもたちは育ちます。家庭での日々のやりとりから、感情教育は始まります。家庭で楽しくゲーム感覚でできる感情教育もたくさんあります。p.214 でもいくつか紹介しています。

子どもにだってある、大切なニーズ

子どもに共感する時に役立つ2つ目のコンパスが「ニーズ」です。

子どもにだって、当然、大切なニーズがあります。毎瞬毎瞬、誰でも何かしらのニーズを満たそうとして生きている、というのがNVCの原則です。

例えば、子どもが保育園に出発する時間になっても、お絵描きをしている。こんな時「早くしなさい！　ダメな子！」と言いがちですが、深呼吸して一拍おいて、子どものニーズを探ってみます。すると、こんなニーズが見えてくるでしょうか。

遊び、自己表現、楽しみ、学び

子どもはこれらの大切なニーズを満たそうとして、絵を描いている。そんなふうに捉えてみると、どうでしょう。「ダメな子！」という一方的な決めつけや批判のエネルギーが切りかわり、子どもの行動を新鮮な視点で捉えられるようになりませんか。

こんな例は、どうでしょう。子どもが、野菜（や栄養のあるもの）を食べない。親として心配だし、せっかく栄養バランスも考えて作っているのに、とガッカリしますよね。「食べなさい！」と強要しがちなところですが、ここでも子どものニーズを探ってみます。すると…。

自主性（自分で選ぶこと）、自由、理解、サポート、楽しみ

食べるものを自分で自由に選びたい、そのことを理解してほしい、食べるのを手伝ってほしい、もっと楽しんで食べたい。推測ですが、そんな子どもの大切にしたいニーズが見えてきます。ニーズはこんなふうに複数あり、

その時々でも変わります。

大人もそうであるように、子どもは日々ニーズを意識しているわけではありません。だからかんしゃくを起こしたり、泣き続けたり、手が出てしまったりもします。でもそれは、ニーズを表現する方法を知らない、ニーズがかなっていない、ということを表現する悲痛な叫びです。

子どものニーズにつながると、同じ状況をまるで違った子どもの視点から捉えられるようになります。子どもの言動を新鮮な感覚で受け止めることができ、今まで見えていなかった子どもの世界への理解が深まってくるでしょう。

子どもの大半のニーズは、「遊び」といわれます。遊びは大人にとっても大事なニーズですが、子どもにとっては特に、感覚や情緒の発達に欠かせない重要なニーズ。子どもは遊びのニーズを満たしながら、日々成長していきます。

子どもの大切なニーズは

遊び

それをかなえようと
いつも懸命に生きている

マーシャルは言いました。「人はいつも手段で対立する。ニーズ
のレベルでつながり合えば、対立など存在しない。」これはどういう
ことでしょうか。実際にあった例で説明してみます。

娘と過ごす休日の計画を立てていた、ある日。娘は「映画を見に行きた
い！」、私は「それよりも、お庭で遊ぼうよ」となりました。「映画、映画、
映画！」と主張し続ける娘。「映画はやだなぁ」と私。お互いの意見が対
立して、ケンカになってしまうケースです。

そこで、娘と私のお互いのニーズを捉えてみました。娘の場合、「遊び」
「楽しみ」「刺激」などのニーズがありそうです。私の場合は、「遊び」「楽
しみ」「（娘との）つながり」「健康（外で体を動かすこと）」がありました。

すると「これらの大切なニーズを満たすために、お互いが納得する手段を
探そう」とクリエイティブな思考がわいてきました。そして「じゃあ公園
で、（まだやったことのない）バトミントンをしようか？」と提案すると、
「いいね！」と娘。公園で運動し、娘も新しいことに挑戦して刺激を得られ、
楽しい休日になったのを覚えています。

こんなふうに手段のレベルで対立していたとしても、一歩深くニーズのレ
ベルにおりていく。そしてお互いに共通する、または個別の大切にしたい
ニーズを探し当てる。その上で、みんなのニーズを大切にできるような手
段を探す。そんなプロセスを踏むことで、どちらかが我慢したり、妥協し
たりするのではなく、みんなの生きる根っこを大切にした心から納得でき
る手段が見つかります。

ニーズのレベルまでおりていくと、人と人とは違いを超えて、理解しやす
く、つながりやすくなります。表面的な手段の違いで行き詰まった時ほど、
みんなを大切にする新たな解決法を探ってみましょう。

「ニーズ」と「手段」を区別する

WORK

子どもがこんな言葉を発したり、態度を示したりする時、どんなニーズがあるでしょうか。ニーズを探した上で、キリン語で伝えてみましょう。

・「幼稚園、行きたくないー！」
ジャッカル語「行かなくちゃ、ダメ」「行ったら、絵本を買ってあげる」
キリン語「不安なことがある？　楽しいことしたいのに、退屈なのかな」
（ニーズ：安心、楽しみ、理解、参加）

・一人でやろうとしても思い通りにいかずに、泣き止まない
ジャッカル語「そんなに泣かなくたって大丈夫よ」「静かにして！」
キリン語「一人でできるようになることが大事なんだね、それをわかってほしいよね」
（ニーズ：理解してもらうこと、達成感、自己表現、共感）

・在宅の仕事をしている時、からんでくる
ジャッカル語「邪魔しないでほしいんだけど…」
キリン語「一緒に何かしたいの？　パパが何をしているか興味があるの？」
（ニーズ：交流、参加、遊び、つながり、探求）

・兄弟ゲンカが絶えない
ジャッカル語「うるさい！　いい加減にしなさい！」「お兄ちゃんが悪いよ」
キリン語「認めてほしいんだね」「仲間に入りたいんだね」「一人で遊びたいんだね」
（ニーズ：理解、認めてもらうこと、仲間、平等、参加、自立）

・寝る時間になっても、寝ない
ジャッカル語　「もう早く寝てよ！」
キリン語「もっと遊びたいんだね、ママと一緒に過ごして安心したいのかな」
（ニーズ：遊び、つながり、交流、安心）

ほかにもどんな場面が思い浮かびますか。普段、口にしている
ジャッカル語と、ニーズを含んだキリン語も書き出してみましょう。

場面

ジャッカル語

ニーズを含んだキリン語

子どものニーズを探る前に、親の「こうあってほしい」を押
しつけていることが、多いかもしれません。大人目線のまま
だと、子どものニーズはわかりません。子どもの内面にある
宝物を探すつもりで、子どもと一緒にニーズを探るクセをつ
けていこう。

子どもに共感する方法

私が共感する際、日々気をつけてやっていることを挙げてみました。

◎ 深呼吸して、スローダウン

ひと息ついて、立ち止まる。反応して、感情まかせに責めたりする今までのパターンに走らない。特にイライラや怒りなどの強い感情は、瞬時のスピードでやってきます。共感できるかどうかは、この一瞬の「間」が取れるかどうかにかかっています。

◎ 自己共感して、自分の内側の点検作業をする

今ここで立ち上がってきている、自分の感情やニーズを探ります。親のやり方や考え方を押しつけようとしていたり、過度な期待を抱いていたり、「何かをしてやろう」という親の使命感があれば、それにも気づきます。

◎ 自分の内側を空っぽにするイメージを持つ

大らかな心と身体（からだ）のスペースを確保するのに役立つイメージを持ちます。私の場合、キリンや、透明人間になった自分を想像したりします。そうやって子どものエネルギーを受け取る準備をします。

◎ 子どもに好奇心を向ける

手を止め身体（からだ）を子どものほうに向けて、「この子の内側では、何が起こっているんだろう」と100%の集中力を傾けます。立っている場合は膝を曲げて、子どもの目線まで自分の目線を下げるといいですね。「話を聴いてくれているんだ」と、子どもが安心できる存在感を示します。

◎ 沈黙を惜しまない、せかさない

無言の力を、大切にします。私はNVCを実践するようになって、だいぶ言葉数が減りました。うなずいたり、一緒に泣いたり、笑ったり。スキンシップで愛情を差し出すことも、惜しまずに。共感は、言葉だけではありません。大事なのは「今ここにいる」という態度です。

◎ 聴いたことを、まとめて伝え返す（オウム返し）

「こういうことが、言いたいのかな」など、話を振り返ったり、要約したりして、伝え返します。親の解釈や思いが入らないように、注意します。

◎ 感情とニーズを探って、表現する

子どもの感情とニーズを、ともに探ります。子どもの内側へ、深く一緒に旅するような感覚です。「〜な気持ち？」「くやしいね」「恥ずかしいのかな」と、感情を言葉にして問いかけます。「安心したいね」「楽しいことしたいね」などと、ニーズも合わせて伝えます。

◎ 身体の感覚に気づく

「身体のどこで、その気持ちを感じてる？」と、子どもに聴きます。そうすることで、頭にあった意識が心や身体にうつり、感じにくい感情も、感じやすくなります。

◎ 辛い時こそ、自己共感に立ち戻る

自分の考えや意見が先立って、子どもに共感するのが難しい時は、すかさず自己共感に戻ります。一人だけの時間が必要であれば、その場を離れて、自分のニーズを満たすことを優先します。

感情とニーズで、共感する方法

感情　　「〇〇っていう、気持ちだねぇ」
　　　　「〇〇っていう、気持ちなのかなぁ」

ニーズ　「〇〇っていうニーズが、満たされているんだね」
　　　　「〇〇っていうニーズが、満たされてないのかな」

例：「嬉しいねぇ。自分でやろうって決めて、できたんだね！」
　　（満たされているニーズ：自主性、成長）

　　「寂しかったんだねぇ。
　　　お友達と仲良くしたかったのに、できなかったから？」
　　（満たされていないニーズ：仲間、遊び）

「ママ大きらい！」に共感する

子どもがあなたを敵扱いして、強いエネルギーでジャッカル語をぶつけて
きた時について、考えてみましょう。

「ママ大きらい！」
「ママのせいだ」
「ママがやってくれないなら、〇〇しないもん」

そんな時、NVC なんてすっかり忘れて、ついついジャッカル語が出てし
まいそうになります。

（外向きジャッカル）
「失礼ね、謝りなさい！」「何言ってるの？　自分の責任でしょ」「じゃ
あママだって、やってあげないから」「おしおき！　もうデザートはなしね」

（内向きジャッカル）
「子どもにそんなこと言われる私は、やっぱりダメな親だわ」

そんな時こそ、キリン語の出番です。「やられたらやり返す」という報復
のやり方では、暴力の連鎖はエスカレートするばかり。何もいいことは、
ありません。

子どもが発してくるジャッカル語は、大切なニーズが満たされていないこ
とを教えてくれる、悲痛な叫びです。共感のエネルギーで対処することを
思い出します。どんな時も、まずは自己共感。自分を大切にします。

（内向きキリン）
「むかつくー！　尊重とか理解がすごく大切」

「悲しい。親として認められたいし、優しさや配慮がほしい」
「ショックだわ。思いやりのある優しい子に育つことが、私にとってはすごく大事なのね」

そんなふうに自分に共感していくうちに、あなたの内側はすーっと静かになって、子どもに共感する余裕も生まれてきます。

（内向キリン）
「あ、何かイライラしていて、満たされないことが起きているんだな」「それはなんだろう。一緒に探ってみよう」

（外向きキリン）
「なんか、イライラしているんだね。ママにわかってほしいことがあるのかな」「不愉快なんだね。自分でできなくて、くやしい気持ちもある？ 認めてもらいたいのかな？」

または、口に出さずに「サイレント共感」する時もあります。

（内向きキリン）
「自分で決める（選択）とか自己表現っていうニーズを、必死に満たそうとしているんだなぁ。よしよし」

「子どもにどう思われているか」ではなく、「子どもは何を必要としているか」に目を向けるのです。決して、簡単ではありません。しかもこんな対応の仕方ができたからといって、子どもの嵐がおさまるとは限りません。

それでも「あなたのありのままを受け止めているよ」「あなたとつながり続けたいんだよ」という共感の姿勢を差し出し続けます。それが「今ここから平和をつくっていく」という、NVCの練習です。

共感できない時は、基本に戻る

それでも、子育てでは「共感できない！」ということが、しょっちゅう起こります。時間がない、心の余裕がない、怒りがおさまらない、我慢できないなど。子どもに限らず、人間関係においては「許せない！」「仕返ししたい」「ねたましい」などいろいろな感情がわき上がってきて、その人に愛のエネルギーを差し出すなんて無理！　という時も、あるでしょう。

そんな時は、何度も繰り返しますが、基本に戻りましょう。まずは、スローダウン。ひと呼吸でもいいから、時間を確保し、心やおなかのあたりに意識を向け、今ここで何が起こっているのか、内側の世界を探究します。

そして、感情とニーズを探る、自己共感です。「今、すごく残念。あなたに共感したいし、つながりたいと思っているけど、それができないから。ママには今、ちょっと時間をあけて、落ち着くことが大事みたい」。立ち現れてきた心の風景を、相手にも素直に伝えます。

日々、やらなくてはならないこと、やりたいことが山積みだし、日常はもうパンパン。いろいろな情報も入ってくるし、思考も感情もキャパオーバー。そんな中、のんびり子どもの話を聴くことは、至難の業かもしれません。

そんな時は、子どもに愛や思いやりの気持ちを向ける前に、まずは自分の心のケアが最優先！　基本の自己共感に戻りましょう。そして普段から、「平和気質」を心がけること。子どものために時間や感情の余裕を確保できるよう、常日頃から自分のご機嫌を取って、内側を整えておくことを心がけましょう。

子どもに共感してみよう

子育てのこんな場面で、よく言ってしまいがちなジャッカル語。かわりにキリン語を使って、共感してみましょう。書き出した上で、周りの人とも話してみましょう。

スーパーで「お菓子を買って！」と大声で駄々をこねる。

「なんでダメなのー？　いいじゃーん」

ジャッカル語「ダメって言ったら、ダメ。それが約束でしょ」

キリン語

決められた時間になってもゲームをしているので、スマホを取り上げる。

「ママのいじわる！」

ジャッカル語「約束でしょ！　少しは、お手伝いでもしなさい」

キリン語

出かける時間になっても、支度しない。

ジャッカル語「もうー、早くしてよ！　置いていくよ」

キリン語

共感する力は、身体の筋肉と同じで、鍛えれば鍛えるほどついてきます。何よりも普段からの継続したトレーニングが大切です。何度でも繰り返して、共感力という心のインナーマッスルをつけていこう！

かなうニーズ、かなわないニーズ

子どものニーズがわかったら、それを全てかなえなければならないわけでは、決してありません。

例えば、外出する時間になっても、子どもが遊びをやめない。早くしてねとお願いしても、一向に出かける用意をしてくれない。今までだったらせかして力づくで解決しようとしていたケース。

（外向きジャッカル）
「早くしてよ！　もう行くわよ！」

これを、キリン語に翻訳してみましょう。
まず深呼吸して、自己共感します。

（内向きキリン）
「イライラする。時間に遅れないか心配だな」「子どもと楽しく焦らずにお出かけすることも、私には大切だな」

そうやって自分につながると、ヒートアップしていた感情も落ち着いてきて、子どもにも共感する心のスペースが出てきます。

そこで子どもに共感して、こんなふうに伝えてみます。

（外向きキリン）
「まだ遊びたいんだね。楽しいもんね。続けたいよね」その上で「でもね、約束しているし、ママはイライラするし、時間に遅れないか心配だな。今は、用意して出かけたいけど、どうかな？」（LESSON 4 で、リクエストについても学びます）

「子どもと楽しく出かけたい」という親のニーズ、「遊びたい」という子どものニーズ。関わる全ての人のニーズを大切にしようとすると、思いがけないような解決策が見つかったりします。この場合は、「じゃあ、〝お出かけ用意ゲーム〟しようか！」という提案につながるかもしれません。

それでも、子どもは用意に協力してくれないかもしれません。そんな時は、子どもにやむなく我慢を強いたりしなくてはならない時もあるでしょう。何も子どものニーズを、その場ですぐに、かなえなくてもいいんです。そのために、親が譲ったり必死になったりしなければならない、というわけではありません。

でも人はニーズをくみ取ってもらえたと感じると、それだけで安心したり、気が晴れたりするものです。すぐにその場でかなえられないニーズもありますが、大切なのは、子どものニーズを理解しようとすること、そしてその大事なニーズを満たすために、なるべく協力したいという態度を示すこと。お互いの大切なことを大切にしあおうね、そんな共感の質を大切に、対話していきます。

ニーズを理解しようと
するだけで
十分な時もある

同感と共感はともに、人と人とがつながるために大切な
エネルギー。ただ微妙に違いがあるので、注意しましょう。

同感は、自分の経験や思いと相手が話す内容とを照らし
合わせて共通点を見つけ、「自分」がどう感じるかを表す
ことです。「それ、私もわかるー！」「そうそう、だよ
ねー！」などと表現されます。主語は、あくまでも自分。
話し手ではなく、自分にフォーカスが向いています。

一方、共感は「相手」が感じていることに寄り添って伝
えられる言葉です。「（あなたは）嬉しいんだね」「悲しい
んだね」というように、まるで相手の鏡のようになって、
相手の心の内側を代弁するように表現します。

たとえ同感はできなくても、共感はできます。「私にはわ
からないかもしれない。でも理解はするし、ともにいる
よ」という態度です。同感は、相手に同意しない限りで
きません。一方、共感は、同意しなくても相手を受け入
れる、間口の広さがあります。相手の話に同感したい時は、
「わかるー！」「私も同じだよ」と伝えた上で、「で、あな
たの中では何が起こっているの？」と共感の態度に戻り、
相手の中に息づいていることにフォーカスを向けるよう
にしましょう。

同感を超えて共感するように心がけることで、より相手
を深く理解し、たとえ感じ方や考え方の違いがあったと
しても、相手とより深くつながり合える感覚を味わうこ
とができるでしょう。

「それ、わかるー！」同感と共感の違い

「共感バディー」をしよう

「共感バディー」とは、共感力をつけるために2人1組になって行う、話を聴き合うワーク（練習）です。

キリンの姿勢を身につけるために欠かせないNVCの代表的なワークで、相手に対する理解が深まったり、相手とつながれたという実感もわきます。ぜひ実践してみましょう。

誰とやるか

・NVCを学んでいる人とペアになってやります。ただNVCを知らない相手ともできます。その場合は、「話を聴く練習をしたいんだけれど、つき合ってくれる？」などと、誘ってみましょう。

・家族や親しい友人など、関係性が近い人ほど、共感は難しいものです。少し距離がある人のほうが、最初はうまくいくかもしれません。

手順

1. 少なくとも1人10分ほどの時間と、静かに落ち着いて話せる場所を確保します。その上で、話し役と聴き役を決めます。気持ちに余裕がありそうな人が、最初に聴く側になるほうがいいでしょう。

2. タイマーをセットして、1人目が話し始めます。話すことは、どんなことでもOK。長年抱えている悩みや、最近あった嬉しい報告、とりとめのない話など、決まりはありません。持ち時間を好きなように使って、話します。

3. 聴くほうは、ただじっくり聴いて共感します。自分の意見をはさんだ

り、励ましたり、ジャッカル語を出さないように注意して、外向きキリンの耳に徹します。NVCを知らない人には感情とニーズのリストを渡して「私の気持ちや大切にしていることが、もしわかったら、ここから選んでみてね」と、お願いするのもいいでしょう。

4. 1ラウンド目が終わったら、振り返りの時間を取ります。話した人は、受け止められた感じがしましたか。聴いた人は、共感できましたか、それとも共感できなかったですか。

5. 話し手と聴き手を交代し、2ラウンド目が終わったら、また振り返りをします。感謝の気持ちを伝え合って終了です。どんな経験だったかを書きとめましょう。

補足

・2人1組でなくても、数人のグループになって共感の練習を行う「共感サークル」に発展させてもよいでしょう。

・私は（NVCを学んだことがない）パートナーを誘って、もめ事やすれ違いがあると、すぐに「共感バディー」をします。お互いの考え方や言動に対して新たな理解や感謝の気持ちを味わうことができ、たいていの衝突は解消されるので、助かっています。

・17歳の娘とやることもあります。聴く側の時は、感情やニーズのリストから選んでもらうようにすると、ゲーム感覚で実施できるのでおすすめです。

「練習中に話すことは、ここだけの話」とルールを決めておくと、その場の安心感が増します。

共感とは「聴く瞑想」

子どもやほかの人に共感するようになってから、私は人の話を聴くことが大好きになりました。それまではどちらかというと、自己主張をするのが好きだったし、自分の意見を通すことでいろいろなことが達成されて、人生は豊かで幸せになっていく、と信じていました。

共感は、もっとずっと受容的なあり方です。自分を空っぽにして、目の前の人に全てのエネルギーを注ぎます。頭での理解ではなくて、心での理解です。

それはまるで、自分の命をほかの命に献身的に捧げるような、儀式のようでもあります。だからそれだけの覚悟を持って臨みます。「私はここにある神聖な命として、今ここにある、あなたという神聖な命を感じます」。大げさですが、自分の中に息づくことは、ひとまず脇に置いておいて空っぽになり、全身全霊、相手に100%集中するのです。

そんな心がまえで聴くと、目の前の人と一体化していく、不思議な感覚を味わう時があります。その時には「つながる」ということさえ、意味がなくなります。

こんな声が聴こえてくることもあります。「早くしてよ！」「そんな些細なことで、悩んでいるの？」「全く、なんでわからないのかしら」「こうしたらいいのに」。そんな時は、その声に気づき、自己共感で内側とつながって、また相手に心を開いて聴く、その繰り返しです。このプロセスの過程で「どうにかしてやろう」というエネルギーは、一切なくなります。

インドの平和の父と称されるガンディーに関して、こんなエピソードが残っています。「たとえ対立する相手だったとしても、一瞬たりとも、ガンディーに愛されていないと感じた人は、一人としていなかった」。たとえ意見が合わない相手に対しても共感的な態度で接し、愛のエネルギーを流し続けることはできるのです。

共感は、私という愛の存在そのもので、ほかの命につながり続けよう、というエネルギーです。テクニックではありません。

今ここで、何かを変えようと頑張らなくていいし、あなたと私で、ゆっくりくつろいで、全てを感じ尽くそう。そんな態度でいると、何かがかなわなくても、それだけで幸せです。そして目の前の人が愛おしく思えて、大好きになります。

おじいさんの心を癒した男の子の共感力

アメリカのある街で、実際にあった話をご紹介しましょう。ある年老いた男性が、最愛の妻を亡くして、ふさぎ込んでいました。地域の人は、男性の家を訪ねては励ましたり、食事に誘い出したり、あの手この手を尽くしましたが、何をやっても男性の心は閉じたままです。

もう何週間も、何ヶ月も、引きこもっていた男性の家に、ある日、隣に住む5歳の男の子が遊びに行きました。するとその翌日、男性が晴れやかな顔をして、散歩をしているではありませんか！ びっくりした男の子のお母さんが聞きました。「あなた、おじいさんになんて声をかけたの？」。すると男の子は言いました。「声なんて、かけてないよ。ただ隣に座って、おじいさんと一緒に涙を流しただけだよ」。

共感は、言葉にして伝えなくてはならないものではありません。誰かの心を察して静かに心を寄せるのも共感です。「サイレント共感」ともいわれます。物理的に場所が離れていてもできる、エネルギー・ワークです。

アメリカ人のNVCトレーナー、インバル・カシュタンとミキ・カシュタン姉妹は、こう言いました。「共感とは、どんな内容のことを、どんな言葉を使って言うかという形式的なことではなく、一種のエネルギーといえるでしょう。共感とは、今この瞬間において、相手の心の中に息づいていることは何か、そこに到達しようとする、つながりの質と定義できます。つまり、それは生きるエネルギーそのものともいえるのです」

共感が育む子どもと未来

「共感が大切なことは、わかった。でもそうはいっても、親としてやって
ほしいこともある。子どもに教えたり、しつけたりすることも、必要では
ないか」と思うかもしれません。確かに親が子どもをサポートをすること
は大切です。それが子育てというものです。

でも人間が必要としているのは、ほかの人が与えてくれる、ゆるぎない愛
情です。そのことで一人じゃないんだ、わかってもらえているんだ、とい
うつながりや安心感が芽生え、生きる勇気や希望がわいてきます。

私はNVCを始めた当初から、共感を受け取った子どもが味わう、ありあ
まるほどのヒーリング（癒し）の効果に、驚かされ続けています。共感を
得ると、子どもは理解された、受け止められたと感じて、心から安心しま
す。自己理解も進みます。

すると、どうでしょう。自分の中から前向きに解決しようという創造力や
やる気が、自然と立ち現れてくるものです。共感という愛の栄養が心に染
み渡り、自尊心や自己肯定感が育まれるのです。

やみくもに外側の決め事に従うのではなく、自分の内側を大切に信じて生
きる子どもが増えたらどうでしょう。自分自身を尊重するのと同じように、
ほかの人の気持ちや立場にも寄りそえる子どもが増えたらどうでしょう。

その子の人生が幸せになるだけでなく、学校や社会や世界がどんどん豊か
な場所になっていくと思いませんか。そんなイメージを持つだけで、将来
が楽しみになり、希望がわき、気持ちが明るく照らされる気がしませんか。

共感は、自分のやりたいことを自覚して大切にすると同時に、相手のやりたいことも大切にできる、思いやりのある心を育てます。いろいろな違いを認め合う人間性を培うための多様性を育む教育は、あなたの家庭から始めることができます。

子どもに共感するためには、親として深いところでの心の大手術が必要かもしれません。コントロールや思い込みを、一旦手放すことでもあるからです。怖さや戸惑いもあるでしょう。

でも子どもは、あなたの分身ではなく、一人の独立した存在、一つの尊い命。そんな新しい視点で、目の前の子どもを捉えてみましょう。その命に対して全身全霊、何も変えようとせず、愛情を与え続けるのです。そうすることで、親の寛容な心も育っていきます。

LESSON 3 では、全ての人の心の中にある共感という愛と癒しのエネルギーを与えるコミュニケーションについて学びました。

LESSON 4 では NVC の 4 つの要素を一つずつ取り上げます。さらにキリン語を上達させていきましょう！

共感には
愛を循環させる
大きなヒーリングの力がある

ＮＶＣの４つの要素

「観察」「感情」
「ニーズ」「リクエスト」

ＮＶＣの４つの構成要素を一つずつ丁寧におさえ、気をつけるポイントや使用時のコツもマスターすると、流暢なキリン語が話せるようになっていきます。使えば使うほどキリン語は上達し、子育てに限らず、どんなコミュニケーションの場面でも生かされて、人間関係が変容していくことを体感するはずです。つまずいた時には教科書がわりにしたり、お守りがわりにしたりと、いつでもここに戻ってきて下さい。

LET'S SPEAK GIRAFFE LANGUAGE!

NVC 使用前／使用後

「観察」「感情」「ニーズ」「リクエスト」、NVC の４つの要素を使って作文すると、物事の捉え方や子どもへの声がけ、子どもとの関係には、どんな変化があるのでしょうか。

LESSON 1 で紹介した、「子ども部屋に物が落ちている」という状況を右ページの表にしました。

「床におもちゃが４つと、パンツが３枚落ちているのを見る時（**観察**）、
ママは、イライラするし、悲しいなぁ。（**感情**）
ママには整理整頓とか、協力が大切だから。ママが言っていることを理解もしてほしいな。（**ニーズ**）
これ聴いてどう思うか、教えてくれる？（**リクエスト**）」

こんなふうに、NVC の要素と定型文を念頭に置いて会話に当てはめていくと、日々の出来事は変わらなくても、現実が大きく変わってきます。

コミュニケーションは、人間関係を、つまり私たちの人生をチグハグでギスギスしたものにしてしまうか、それともつながりがあって豊かでストレス・フリーなものにするか、それを決定づけている一番大切なもの、といっても過言ではありません。言葉は、傷つける鋭いナイフにもなれば、傷を癒す最高の薬にもなるのです。

そんな大切なものを、これまで家庭や学校で学んでこなかったのは、本当に不思議！ だからこそ NVC の学びが大切だし、効果的です。NVC は「人間としての基本的な教養」と、私は捉えています。４つの要素を一つずつひもといて、理解を深めていきましょう。

床に物が散らかっている子どもの部屋を見た時…

	これまでのパターン NVC 使用前	これからのパターン NVC 使用後
物事の捉え方	とっさに決めつけて… 「きたない！」（評価）	ひと息ついて、気持ちを落ち着かせ、「心に敵を作らない」ことを思い出して… 「床におもちゃが4つと、パンツが3枚、落ちているね」（観察）
頭や心の使い方	犯人探し 「ほんと悪い子！」 （決めつけ） または 「私の子育ての仕方が悪い」 （自己批判）	宝探し 自己共感 「イライラするし、悲しい」 （感情） 「整理整頓、協力、理解」 （ニーズ）
子どもへの声がけ	「早く片付けなさい！」 （強要、命令）	「ママの話を聴いてどう思うか、教えてくれる？」 （リクエスト）
子どもの反応	「片付いてるもん！」 反抗して、やらない または 「すぐ片付けるから、許して」 恐れから行動する	「わたしも実はね…」 自分の感情やニーズにつながり、正直に伝えてくれる
子どもとの 関係、つながり	やらせる／やらされるという、服従や支配をベースとする、ストレスのある関係	お互いに大切にしていることを理解し、助け合える、豊かな関係

1. 観察

観察とは、あるがままを見ること

NVC は、どんな状況でも心に敵を作らずに、人と人とが心からつながることを目的としています。その第一歩として大切なのが、「観察」です。

観察は、見たもの、聴いたもの、ありのままを捉え、解釈や評価なく、客観的な事実を伝えることです。

ものの見方というものには、長年のクセが染みついているので、一切の評価を下さないで客観的に観察することは、とても難しい。マーシャルも「自分の頭の中が、道徳的な判断や決めつけであふれ返っていることに気づいた」と述べています。

私が娘の部屋を見て、「部屋がきたない！」と言った時はどうでしょう。「一方的な見方をしていないかな？」と、心の内を確認して見ると、確かに「きたない！」というのは私の決めつけであって、「それはよくないことだ。早く片付けるべきだ」という、評価や判断が入っていることがわかります。

こんな時こそ、観察の出番です。観察は、目の前のことをカメラで撮影したように、なるべく具体的、定量的に伝えます。そこで、こんなふうに言い換えられます。

「床におもちゃが４つと、パンツが３枚、落ちているね」

こんなふうに観察できた時、状況についての自分の気持ちはとてもフラットなことがわかります。

観察して伝えたほうが、相手もニュートラルに受け取ってくれる確率が高

くなります。人は責められていると感じると、保身に走るか、攻撃し返してくるか、どちらにしても心を閉ざして対抗してきます。威圧的な態度で決めつけた物の言い方をされると、私の娘がそうであったように、反発したくなるのです。

一旦立ち止まり、内側の点検作業をしてジャッカル語をキリン語に伝え直すのは、至難の業です。

それでも観察を心がけ、中立的な言葉で相手に伝えることで、対話の広場が広がります。「お互いの感情やニーズに興味を持ってみよう」という、共感のプロセスが始まります。観察は、とてもやりがいがあるNVCの第一ステップ、と私は捉えています。

やってみよう！　観察

「またやってる！」「いつもしてくれない」。子どもに向けたこんな言い方には、批判が入り込んでいます。観察をし始めると、驚くほど、自分の中に決めつけや責めるエネルギーがあるのがわかります！

その視点から離れ、新鮮な目で見るように心がけて、事実だけを中立に観察することに挑戦していきましょう。

私の心の中では、次のページのようなステップを踏んでいます。

ステップ 1　まずはスローダウン

深呼吸して、小休止します。強い感情がわいた時は、その場を離れたりして、心を落ち着かせます。敵のイメージ（責めるイメージ）があるな、思い通りにしようとしているな。そんな自分に、まずは気づきます。

ステップ 2　「決めつけ目線」から「観察目線」へ

ハートでゆっくり呼吸するように意識します。カメラで今の状況を撮ったらどう写るかを意識して、中立的な視点で状況を見つめ直します。

ステップ 3　NG ワード、使ってない？

「いつも」「一回も」などの言葉は、評価や非難をしている合図。「（感情は？）むかついている！」「（ニーズは？）尊重」。そんなふうに自己共感すると、気持ちが落ち着いてきて、観察もしやすくなります。

ステップ 4　肯定的、具体的、定量的に言い換える

「きたない」「優しくない」など、人によって捉え方が異なる表現は避けましょう。「おもちゃが４つと、本が３冊落ちているね」「大嫌いって３回言ったね」など、見たものや聞いたものを具体的に、なるべく定量的に（数字を含んで）作文します。

ステップ 5　伝えるトーンを整える

責める気持ちや、コントロールの気持ちがないか、心を再点検します。責めるエネルギーがあると、文法だけ整えても「見せかけのキリン語」になってしまい、うまくいきません。責めるエネルギーがまだ残っている場合は、前のステップに戻ります。

観 察
Observation

見たもの、聞いたもの、ありのままを捉え、客観的な事実として伝えること。「決めつけ」や「評価」をしていないかに気をつける。

心を開いてコミュニケーションを進めていくために大切な、NVC の一番目の要素。キリン語のトーンを整えるのに役立つ。

観察の定型文
「〜の時」（この後に感情、ニーズ、リクエストが続く）

観察の例
「部屋に、本が４冊とおもちゃが６つ落ちている（のを見た時）」
「今朝、目覚ましが鳴ってから１時間経って起きてきた（時）」

気をつけること
「いつも」「また」「しか」「一回も」「決して〜ない」「〜ばかり」

こうした言葉には、責めるエネルギーが入っている可能性があるので注意する。「１週間に○回」「予定の時間より○分」など数値で客観的に表現する工夫をする。

観察のポイント
・具体的、定量的、肯定的な言い回し。
・深呼吸してスローダウンすると、観察しやすい。
・「全ての感情の責任は、自分」と思い出す。
・「責めるエネルギーがみじんもないか」伝える前にもう一度、確認。

評価から観察へ

次の文章を、観察に言い換えてみましょう。

・いつも寝るのが、遅いんだからー。
　　⇨ 今週は、毎日寝るのが午後10時を過ぎていたね。
・またテレビ、つけっぱなし！
　　⇨ 昨日と今日、テレビ見終わってからも電源がついているよ。
・お片付け、それしかやっていないのに、もうおしまいなの？
　　⇨ おもちゃは片付けたんだね。パンツは3枚、本は5冊、床に落ちているね。
・何回言っても、パンツ脱ぎっぱなし！
　　⇨ 毎日「パンツは、洗濯かごに入れてくれるかな？」って、お願いしているよ。でも、ベッドの上にあるね。
・いつも仕事ばかりで、育児に協力してくれた試しがないよね。
　　⇨ 今週、子どもが寝る前に帰宅したのは、1日だったね。

普段、つい口走っていることを書き出してみましょう。
　　　　例：「また片付けないんだから」「いつもそんなことして」

上の文章を、「観察」に言い換えてみましょう。

評価や思い込み、推測をしないようにする「観察ゲーム」をしてみましょう。電車やバスを待ちながら、公園のベンチに座りながらなど、「あの人、観察してみよう！」などと誘って、楽しみながら人間観察してみます。

評価「あの子、すごくいじわるだね」
観察「ブランコに並んでいる子が3人いるところ、一人で10分
　　　乗ってるね」

評価「怒っていて、怖そうな人だね」
観察「ダメだ！　と大きな声で話していて、目がつりあがっている
　　　ね」

評価「優しい子だね」
観察「小さい子が転んだのを起こしてあげたね」

評価「すごくお金持ちで、幸せそうな人だね」
観察「ピカピカの大きな車に乗っていて、ニコニコしているね」

「観察とは、人間の知性の中で最高のかたち」と述べた哲学者もいます。観察には、全く新しい視点が求められ、大人でも（大人だからこそ）なかなか難しいものです。子どものうちから、冷静かつ中立的に物事を観察できる眼が育つとよいですね。

2．感情

感情とは、あなたそのもの

NVCの構成要素の2つ目は、感情です。NVCはハート（心）を作動することこと、つまり自分の感情を見極め、表現し、共感することを大事にします。

感情とは、心の中に立ち現れるさまざまな思い、気持ち、心の状態のこと。英語だとエモーション（emotion）で、これは energy（エネルギー）と motion（動き）を合わせた言葉。感情とは、常に動き続けているエネルギーであり、人間活動になくてはならないもの。

普段、私たちは頭を使って考えることが多いので、心を使って感じることに慣れていません。観察と同様、感情も、生活の中でしばし立ち止まり、自分の内側で何が起こっているかを把握するクセをつけることで、見えやすくなってきます。

どんな感情も等しく大切です。特に「ネガティブな感情」こそ、自分のニーズに気づかせてくれるサイン。見過ごさないように。

早速やってみましょう。深呼吸して、ハート（心臓）のあたりに意識を置いて、自分自身に聴いてあげます。今、どんな気持ち？

私の場合、今の気持ちは…。
穏やか、自信に満ちている、満たされている、わくわくしている。そして、こんな気持ちもあります。心配している、困っている、迷っている。

ことあるごとに、自分が今、どんな気持ちかを把握すること、それをあますことなく受け止めて感じること、そして言葉で表現してみることをしていきましょう。

怒りをギフトとして、受け取る

怒りなどの強い感情は、ものすごく速いスピードでやってきて、コントロールする間もなく、放出されてしまいます。「もう、いい加減にして！」「またー！　何度言ったらわかるの!?」「で？　どうしたいの？」。大きな声が出たり、時には手が出そうになったりしてしまう。

そんな時、私はこんなことを心がけることで、「怒りをギフト」として受け取るようにしています。

まず、深呼吸。　感情の大波が押し寄せた時ほど、目を閉じてしばらく立ち止まります。このポーズ（小休止）が取れるかが、肝心です！　この数秒間で、敵を作っているジャッカルの自分に気づき、そのかわりにキリンの道を歩もうと決めます。平和をつくる心の内側のプロセスの始まりです。

身体（からだ）にどんな感覚が立ち現れているか、意識することもあります。怒っている時は「心臓がバクバクしている」「体も全体的に熱くなっている」、悲しい時は「胸のあたりがキューーっとしぼむように痛い」「頭の中がモヤモヤする」のように。身体感覚を観察することで、今ここで起こっていることに集中しやすくなってきます。

こうして気持ちを落ち着かせた後、ひたすら自己共感します。怒りなどの強い感情を十分に味わいながら、「全ての感情は、自分の責任」と思い出します。このフレーズを、念仏のように唱えたりもします。ジャーナリング（自己共感日記）して、書き出すことも手助けになります。

すると「あれ？　怒っている感情があるのは、何かのニーズが満たされていないサイン。どんなニーズだろう？」と、好奇心がわいてきます。自分の内側の奥深くへと、自己探求が始まります。この時には、すでに誰かを

責めるエネルギーはなくなっています。

こんなふうに、強い感情が立ち上がった時こそ、満たされていないニーズを内側に探していくチャンスです。

「怒りさん、いらっしゃい！」「自分の内側を見つめてくれる大切な機会を、ありがとう」。強い感情こそ、そんなふうに受け止め、自己探求の手がかりに役立てられるといいですね。

怒りさん、いらっしゃい！
ギフトとして受け取ろう

怒りなど、強い感情の扱い方

<u>その場でできること</u>
・深呼吸して、心にスペースをつくる
　（無理な時は、その場を離れる）
・敵を作っているジャッカルに気づく
・身体に意識を向ける
・自己共感で、自分との正直な対話をする
・「全ての感情は、自分の責任」と思い出す
・ニーズを探す

<u>普段からできること</u>
・ジャーナリング（自己共感日記）
・ニーズを探すクセをつける
・人に話を聴いてもらい、自己共感を助けてもらう
・ほかの人にも共感するクセをつける

マインドフルとは、「今ここに感覚を開き、丁寧に全てを味わっていくこと」を示す仏教用語。今ここにとどまりにくく、全てがスピーディーに展開している現代社会で、特に注目されているあり方や、生活スタイルです。

NVCは、マインドフルにコミュニケーションを実践していくことでもあり、そのためには会話の速度を落とす必要があります。そうしてこそ、自分やほかの人の内側にアクセスするスペースが確保でき、人と人とのつながりの豊かさに触れ、瞬間瞬間の経験の微妙なニュアンスに気づいていくことができるようになります。

特にストレスが多かったり緊張したりする状況では、言葉、思考、血圧など、全てがヒートアップしがちです。そんな時は、脳のうち原始的な部分が反応して古い記憶や過去のトラウマが思い出され、それらを現在の瞬間に重ね合わせようとするといわれます。それが原因で、攻撃的になったり、心を閉ざしたりする反応をしてしまうことも多くなると指摘されています。

そんな時は、深呼吸するなどして心に余白をつくり出すことで、反射的な反応から、落ち着いた反応に移行することができます。感覚が開かれ身体もリラックスします。そうして初めて、今ここで起こっていること全てを受容することができるようになります。

NVCは、頭でっかちでスピーディーな生活から、心を働かせたスローペースな生活へのシフトを促します。そうやって共感を大切にしたコミュニケーションを実践することで、生きていく上で不可欠な人と人とのつながりが取り戻されていくのです。

「マインドフル・コミュニケーション」

「刺激と反応の間には
必ずスペースがあり、
そのスペース内で
私たちは次にどう反応するのか、
決める力を持っている。
そしてその反応の仕方にこそ、
私たちの成長と自由が
宿っているのだ」

*Between stimulus and response there
is a space. In that space is our power to
choose our response. In our response
lies our growth and our freedom.*

Viktor E. Frankl (1905-1997)
ヴィクトール・E・フランクル

オーストリア出身の精神科医、心理学者、ホロコースト生還者。
フロイト、ユング、アドラーに次ぐ「第4の巨頭」とも呼ばれる。
ナチスの強制収容所での体験記「夜と霧」は、
世界的なベストセラーとして知られる。

注意！　見せかけの感情

「見せかけの感情」に注意しましょう。一見、感情に思えますが、「誰かに
～されたから、こういう気持ちになった」と、相手に対する解釈や被害者
の意識が入っている感情のことです。

全ての感情の責任は、自分にあります。見せかけの感情が出てきたら、さ
らに奥にある隠れている感情を探るようにしてみましょう。「無視された」
であれば、「いきどおりを感じる」「寂しい」、「誤解された」であれば、「残
念だ」「悲しい」というように。

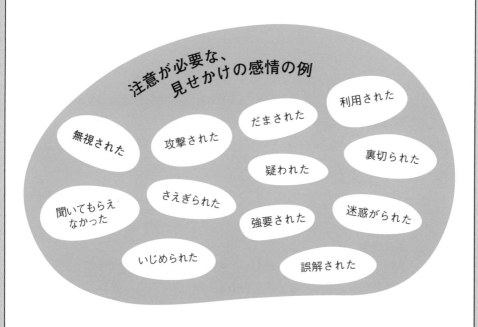

注意が必要な、
見せかけの感情の例

無視された　　攻撃された　　だまされた　　利用された

疑われた　　裏切られた

聞いてもらえ
なかった　　さえぎられた　　強要された　　迷惑がられた

いじめられた　　誤解された

感 情
Feelings

その時々、心に立ち現れる気持ちのこと。
頭を使って分析・判断する「思考」とは、区別する。

NVC は、自分やほかの人の感情につながり、共感することを大切にする。

感情の定型文

「〜っていう気持ち」 「〜っていう気持ちなんだね」

感情の例

「ありがたい」「誇らしい」「ほっとした」「スッキリした」
「もどかしい」「不安」「心が重い」「ねたましい」

気をつけること

「無視された」「裏切られた」「だまされた」「聞いてもらえなかった」。
これらは、ほかの人の行動に対する評価が入っている「見せかけの
感情」。さらに掘り下げて「悲しい」「ふさぎ込む」などの感情に落
とし込もう。

感情のポイント

・プラス（ポジティブ）もマイナス（ネガティブ）もなく、全てが大
　事な感情。
・感情の語彙を増やすと、味わいやすく、人にも伝えやすい。
・感情を知ることは、自分自身や相手を深く知ること。好奇心を持とう。

「お祝いと嘆き」のワークをやってみましょう。「どんな感情も人生の豊かな体験として迎え入れ、味わおう」と呼びかける、NVCのサークルでよくやるワークです。

「お祝い」とは、ニーズが満たされて嬉しかったり、ほっとしたり、感動したりしていること。大きなことから、小さなことまで、なんでも構いません。好きな人が連絡をしてきてくれた、家族が退院したなど。

一方「嘆き」は、ニーズが満たされずに残念だったり、悲しかったり、失望したりしていること。お祝いと同様、どんなことでも構いません。また子どもに怒ってしまった、仕事で失敗をしてしまったなど。

お祝いも嘆きも、話す人は心から遠慮なく表現します。「自慢話に思われちゃうんじゃないか」と遠慮したり謙遜したり、逆に「そんな気持ちでいるとわかったら、きらわれちゃうんじゃないか」と隠したり、取るに足らないことにしてみたり。そんな気持ちもあるでしょうが、できるだけ正直に表現してみましょう。一瞬一瞬、立ち現れてきた感情に、どれくらい誠実に向き合っていけるか、それが大事です。

聴く側は、ただ聴くことに徹し、一緒に喜んだり、嘆いたりします。「私もそういうことあった！」などリアクションしたり解決しようとしたりせず、共感の態度を差し出します。聴こえてきたニーズを伝えるのも、いいですね。「つながりたかったんだね」「認められることが、大事なのかな」というふうに。すると話した側は、聴いてもらえたという安心感やつながりを味わうはずです。

私は「お祝いと嘆き」のワークを、自分と対話する時にもします。どちらも味わい尽くすことで、自分が大切にしているどんなニーズが満たされているのか、または満たされていないのか、自分のコア（中枢）に触れる感覚が芽生えるので、気に入っています。

お祝いと嘆き

「感情リテラシー」を高めよう

感情を理解する能力を、「エモーショナル・リテラシー（感情リテラシー）」といいます。エモーショナルは、感情。リテラシーは、特定なものに関する知識や、それを理解する能力のこと。最近では、学力や記憶力など、いわゆる頭の良さを示すIQ（知能指数）よりも、コミュニケーションや協調性など心の知性を示すEQ（心の知能指数）のほうが、生きる上で大切だと注目されています。

アメリカの社会学者ブレネー・ブラウンは、「私たちが普段経験する感情は、平均して3つ（嬉しい、悲しい、怒っている）に過ぎない」と指摘します。感情はとてもカラフルなはずなのに、感情察知センサーは鈍く、体験も限定的になってしまっているようです。

絵にたくさんの色彩があるように、料理にたくさんの味があるように、音楽にたくさんの音色があるように、感情にもたくさんのニュアンスや景色があります。「感情のアーティスト」になって、どんな感情も敏感に察知して体験し、エモーショナル・リテラシーを高めていけば、人生のどんな場面も味わうことができ豊かになっていくことでしょう。

NVCの実践は、感情を大切にして心の知性を高めていくことで、もう一度人間性を取り戻していく旅でもあります。それは誰の真似でもない、誰との比較でもない、たった一人の「自分」という大切で特別な存在と、もう一度出会い直す感動的な旅でもあるのです。

3. ニーズ

ニーズとは、幸せをかなえる原動力

NVC の構成要素の 3 つ目は、ニーズです。NVC の中でも最も大切で特徴的なのが、このニーズです。NVC は「ニーズ・コンシャス・ランゲージ（ニーズを意識して話す言語）」ともいわれます。

ニーズとは、それぞれの人の中で、全ての感情の大元にある価値観、大切にしたいもの、かなえたいもの、満たしたいもの。

「一瞬一瞬、みんな何かのニーズを満たそうとして生きている」、それがNVC の原則です。老若男女、国籍、主義主張にかかわらず、普遍的に全ての人がその時々のニーズを持っている、とマーシャルは捉えて NVC を体系化しました。

例えば私は今、この本を執筆することで「（NVC を）伝えたい、理解してほしい」「貢献」「仲間」「平和」など、たくさんの大切なニーズを満たそうとしています。読んでいるあなたは「（子どもや自分との）つながり」「穏やかさ」「平和」などのニーズを満たそうとしているでしょう。

ポジティブな感情を味わう時は、ニーズが満たされている時
ネガティブな感情を味わう時は、ニーズが満たされていない時

感情とニーズのこの関係性を頭に入れておくと、誰かの言動や何かの状況が引き金になって、ネガティブな気持ち（悲しい、イライラする、がっかりするなど）がわいたとしても、誰かや何かのせいにすることなく、心に敵を作らなくて済むようになります。

そのかわり、「私の大切なニーズが満たされていない合図だな。そのニーズはなんだろう？」と頭を切りかえることができるのです。ニーズを意識

することで、「あ、私にはこういうことが大切なんだな」「私ってこういう人間で、こういうこだわりがあるんだな」と気づくことができ、自分のことを深く知っていく、自分とのつながりを取り戻していく感覚が得られます。

私は毎回、ニーズのパワーに驚かされます。ニーズという視点を持って、心に敵を作らずに子育てや友人との交流、仕事など、あらゆる人間の活動に従事する人が増えたら、世界はどんなに生きやすい場所になるだろう、と思わずにはいられません。

NVCの一番の要であり、特徴的でもあるニーズ。普段の子育てやさまざまな人間関係で意識したことはないからこそ取り入れて、自分のニーズ、子どものニーズ、みんなのニーズを把握して、大切に扱えるようになっていきましょう。

こんな時、どうする？　ニーズSOS！

Q. 自分のニーズが、よくわかりません。

A.　頭で考えようとせず、身体に意識を向けてみます。
頭を使って「ニーズ分析」しがちです。そうではなく、身体に意識を向けてみましょう。丹田（下腹部）を意識し、ゆっくり呼吸（腹式呼吸）するのもいいでしょう。そして身体に聴いてみます。「私にとって、大切なことは何？」　ニーズリストも参考にして、言葉にしてみましょう。

Q. ニーズを伝えても、子ども（やほかの人）が協力してくれません。

A.　自分のニーズを満たすのは、自分！
あなたのニーズをかなえる義務は、ほかの人にはありません（お願いをす

るために、リクエストを送ることはできます）。過度に期待したり、必要以上にほかの人に頼ったり甘えたりしないこと。「自分のニーズをかなえるのは、ほかならぬ自分」、そんな自覚を持つと、自分がするべきこともはっきりします。

Q. ニーズがわかっても、かなわずに困っています。

A.　ニーズは理解するだけで、十分な時もあります。また「愛」や「つながり」を満たすために、「あの人に愛されたい／つながりたい」と必死になる時がありますが、ニーズは特定の人や場所には、ひもづきません。最終的にニーズをかなえるのは、ほかでもない自分の役割です。「愛」が必要なら、まずは自分が自分を愛してあげることです。

Q. 子どものニーズをかなえるのは、甘やかすことにならない?

A.　どんな時も無条件に、子どものニーズをかなえることをお勧めしているのではありません。親のニーズ（例えば、整理整頓、穏やかさ、調和）も大切です。両者のニーズを理解し、大切にし合える道を探りましょう。子どものニーズをかなえてやりたくても、難しい時もあります。そんな時は「遊びたいんだね」などと、ニーズを理解してあげるだけでも、子どもは理解してもらえたと感じて気持ちを少し落ち着かせるでしょう。

Q. ニーズがわかったとして、その先はどうしたらいいの?

A.　解決を急がないことです。
ニーズがわかると「じゃあ、それをどうやって満たすの?」と興味がわきます。でも、早く満たそう!　と、解決策を急がないように。大切なニーズをゆっくりと味わうこと。すると、思いもしなかったようなクリエイティブな解決法がわいてきたりします。

子どもがよく口にする、こんな言葉。言われると、つい「違う！」「ダメ」「わがまま！」などと言い返したくなります。でも、子どもには大切なニーズがあって、それをかなえるために「NO！」と言っているとしたら、どうでしょうか。「NO！」の奥に隠れている、子どもの「YES！（ニーズ）」を探ってみましょう。

「やだー！」（自主性、選択、遊び）
「つまんない！」（刺激、挑戦、意味）
「お兄ちゃん、ずるい！」（理解、平等、尊重）
「ママのせいだよ」（理解、尊重、共感）
「自分でしたいの！」（自発性、自由、選択）
「あの子、意地悪できらい」（仲間、受け入れられること、優しさ）
「行きたくない！」（自主性、選択、ゆとり）
「うるさい！」（平穏さ、休息）

WORK

ほかには、どんな NO！ を言いますか。
その裏にはどんな YES！ があるでしょうか。

子どもが「こんなのやだ、つまんない！」と言ったら、ニーズは「自主性、選択、遊び」と推測できます。「もっと刺激が欲しいんだね。挑戦することも大事かな」と、子どもでもわかりやすいキリン語に変換して共感します。

ニーズ
Needs

満たしたいこと。価値観。大切にしたいもの。かなえたいもの。
ニーズをかなえる「手段」と混同しないこと。

誰でもが、毎瞬、何かしらのニーズを満たそうとして生きている。
NVC の中でも特徴的な視点で、共感を深める時に役立つ。

ニーズの定型文

「〜が満たされている／満たされていない」「〜が大切なんだね」
ニーズが満たされている時は、ポジティブな感情を味わう。
ニーズが満たされていない時は、ネガティブな感情を味わう。

ニーズの例

「つながり」「仲間」「安心」「自由」「遊び」「休息」「自主性」「刺激」
「成長」「フロー（一日の流れ）」

気をつけること

親子の関係が「パワーオーバー（支配や服従関係）」になっていない
か。そうではなく「パワーウィズ（対等でつながろうとする関係）」
を心がけ、関わる全ての人のニーズを等しく大切に扱うこと。

ニーズのポイント

・簡潔で短めの言葉で表現すること。ニーズリストを参考に。
・解決を急がず、全ての人のニーズが理解され、大切にされるまで、
　話し合いを続ける。
・かなってなくても、理解するだけで十分な癒しが起こる。

4. リクエスト

リクエストとは、つながるための贈り物

NVC の４つ目、最後の構成要素は、自分の大切なニーズをかなえるために協力してもらえますか、と相手にお願いする「リクエスト」です。

「ママの話を聴いてどう思うか、教えてくれる？」

私が娘の部屋の片付けの時に出したのが、このリクエストでした。コミュニケーションのボールをプレゼントのように優しく差し出すのが、リクエストです。

「私の内面では、こんな大切なニーズが満たされてないんだ。人生をより素晴らしいものにするために、それを満たしたいんだけど、協力してくれるかな？」そんな思いで、リクエストを出しましょう。

リクエストも観察と同様、具体的で明確、かつ肯定的な言葉で表現します。「そんな言葉づかいするの、やめてくれない？」ではなくて、「ありがとうとか、手伝おうか、って言ってほしいけれど、どうかな？」というふうに。

リクエストは、あくまでも「お願い」や「要望」であって、「命令」や「強要」ではありません。だから必ず最後に「？マーク」をつけます。NVC では、お互いが純粋な貢献や思いやりの気持ちから、自主的な行動を起こすことを大切にしています。「ママに言われたから、しょうがなくやる」という義務感ではなく、自分がやりたいという子どもの積極性が、行動の源泉になるよう気をつけましょう。

「行動リクエスト」より「つながりリクエスト」

リクエストには、大きくわけて2つの種類があります。この違いを知っておくと、上手なリクエストが出しやすくなります。

1つ目は「行動リクエスト」。自分のニーズを満たすために、具体的な行動を取ってほしい、とお願いするのが、行動リクエストです。娘の部屋の片付けの事例では「（ママの整理整頓のニーズをかなえたいから）部屋を片付けてくれる？」となります。

2つ目は「つながりリクエスト」。今ここでつながることを促す、もっと小さなリクエストです。私が娘に「ママの話を聴いてどう思うか、教えてくれる？」と聴いたのが、その例です。「整理整頓」というニーズは、このリクエストでは、すぐには満たされないでしょう。でも私のことを理解してほしい、あなたのことも理解したいという、「理解」のニーズは満たされる確率が高まります。

「行動リクエスト」は、自分の大切なニーズをかなえるために具体的な行動をしてほしいと相手にお願いする、一歩踏み込んだリクエスト。「つながりリクエスト」は、まず今ここであなたの思っていることが知りたいと、つながりづくりをスタートさせる、ゆっくり手順を踏んだ、ささやかなリクエスト。

自分のニーズを早くかなえたいために「行動リクエスト」を出しがちです。そんな時こそ焦らず、一歩ずつ相手との心の距離を縮めながら、ゆっくりと確実につながっていけるよう、「つながりリクエスト」を活用しましょう。

つながりリクエストの例：

「これを聴いて、どう思うか、教えてくれる？」
「あなたはどう感じているか、教えてくれる？」
「ママの話、ちゃんと伝わったか知りたいから、なんて聴こえたか、教えてくれるかな？」

行動リクエスト
「〇〇してくれる？」

つながりリクエスト
「これを聴いて、どう思うか、教えてくれる？」

リクエストで、「NO！（やだ）」を受け取る

リクエストに対して、「NO！」が返ってくることもあります。例えば娘に「どう思うか、教えてくれる？」と「やだ！ 話したくない」と返ってきたとします。つながりのプレゼントをせっかく渡したのに、「NO！」と言われたら、ムッとしますよね。

その時に「ダメよ、話しなさい」と強要したら、それは「見せかけのリクエスト」になります。寄りそっているようで、思い通りにさせようとしているからです。

「本物のリクエスト」であれば、「NO！」が返ってきた時、受け取ることができます。そんな時は、すかさずまた自己共感して、心の声を聴きます。

「すごく落ち込むし、途方に暮れちゃうなぁ。それはつながりや理解というニーズが大切だから」。決して相手のせいにしたり、強要したりしません。

自己共感できたら、それを観察、感情、ニーズ、リクエストに当てはめて、再度こう伝えなおしてもいいでしょう。

（観察）あなたが、「やだ！」と言う時、
（感情）すごく落ち込むし、途方に暮れちゃうの。
（ニーズ）ママにはつながりとか、ママのことをわかってもらうことが大事だから。
（リクエスト）これを聴いて、どう思うか教えてもらえるかな？

かわりに相手に共感してもいいでしょう。「そうかぁ、いやなんだね。自分で決めたいのかな」などと、「NO！」から受け取った感情とニーズを伝えます。

その上で相手がのみ込みやすいような代替案を、再度リクエストしてみてもいいでしょう。「じゃあ、お昼ご飯食べた後に、ゆっくり散歩しながら話を聴かせてくれるかな？」

こうやって一つずつ、少しずつ、つながりを確認しながら丁寧にコミュニケーションをしていきます。

アドバイスは、「YES！」の後で

子どもとの会話で、アドバイスしたり、励ましたりしたくなることもたくさんあります。

そんな声がけも、実はジャッカルの部類だと述べました。子どもが必要としているニーズとは無関係に、親自身の「貢献」や「安心」というニーズを満たそうとしているからです。そのことを自覚しましょう。

もちろん、アドバイスや励ましがダメだからやらないほうがいい、というわけではありません。子どもがアドバイスや励ましを求めている時もあります。でもまずは、共感してからです。子育てには、「子どもをただただ信頼し、そのままを受け止める」という共感の態度が、欠けてしまいがちです。

まずは共感をして、十分に子どもの心を受け止めます。その上で「アドバイスしたいことがあるんだけど、聴いてもらえるかな？」とリクエストを送ります。

「うん（YES）！」と返ってくれば、思う存分、アドバイスも励ましも自分の意見も差し出します。「いらない（NO）！」の時は、スペースや自主性のニーズを大切にしたいという子どもからのサインをくみ取って、余計なプレゼントは差し出しません。

やってみよう！　リクエスト

上手なリクエストが出せると、キリン語が決まった！という実感があるので、私はリクエストが大好きです。ほかの要素と同様、リクエストも練習次第で上手になってきます。

ステップ 1　まずは自己共感

リクエストを出すためには、何をお願いしたいのか、自分自身が把握している必要があります。自己共感をして、満たされていないニーズを探しあてます。

ステップ 2　「つながりリクエスト」を出す

（観察、感情、ニーズを伝えた上で）、「これを聴いて、どう思ったか、教えてくれる？」など「つながりリクエスト」を出してみましょう。心を開いた会話がスタートします。

ステップ 3　または「行動リクエスト」を出す

ニーズを満たすための協力を頼む時は「行動リクエスト」を出します。「毎朝ダラダラしないでくれる？」ではなく、「朝は午前6時に起きて、朝ご飯の支度を手伝ってほしいけど、どうかな？」と具体的でポジティブな表現を心がけます。そのほうが、相手も協力してくれやすくなるでしょう。

ステップ 4　「NO！」の返答も、受け取る

「NO！」が返ってきた時に、受け取れなければ「見せかけのリクエスト」です。相手の「NO！」も、心を開いて受け取ります。自己共感に戻るか（悲しいな）、相手に共感するか（自分で決めたいんだね）。つながり続けたい気持ちを大切にして、コミュニケーションを続けます。

上手なリクエスト

次の文言は、リクエストではなく、強要や命令です。またはリクエストだとしても、抽象的だったり否定的だったりして、伝わりにくいでしょう。それぞれ上手なリクエストに、書き換えてみましょう。

WORK

・「もうゲームやめなさい！」

・「乱暴な言葉づかいしちゃ、ダメ」

・「もうー、早くしてくれないかなぁ？」

・「もっと自信持ってほしいんだけど、がんばれ！」

・「お友達にいじわるしないのよ、わかった？」

 POINT　リクエストは、ニーズにつながって伝えるようにしよう。
そのほうが自分の行動がどう貢献するのか、子どもにわかり
やすく、協力を得やすくなります。

1. 「1時間ゲームしているね。目が悪くならないか、心配だな。お外に遊びに行かない？」（親のニーズ：健康）
2. 「ありがとうとか、いいよって言うほうが、ママは安心するな。どう思う？」（親のニーズ：安心）
3. 「買い物に行きたいの。靴をはいて、準備してほしいけど、どう？」（親のニーズ：効率、一日の流れ、協力）
4. 「不安なのかな。あなたのこともっと理解したいから、どう思うか、教えてくれる？」（親のニーズ：理解、つながり）
5. 「ママには仲良くすることが大切だから、悲しいな。それ聴いて、どう思う？」（親のニーズ：仲間、安心）

リクエスト
Request

ニーズをかなえるために協力してほしい、とお願いすること。
「強要」や「命令」ではないので、あくまでも相手の自主性を重んじる。

NVC をしめくくる要素で、相手とのつながりづくりに役立つ。
リクエストを出すためには、自分のニーズを理解していることが前提となる。

リクエストの定型文
「○○してくれる？」（行動リクエスト）
「これを聴いて、どう思うか、教えてくれる？」
（つながりリクエスト）

リクエストの例
「コップを台所に戻してくれる？」（行動リクエスト）
「ママの話を聴いてどう思ったか、教えてもらえるかな？」
（つながりリクエスト）

気をつけること
「NO！」を受け取れない場合は「見せかけのリクエスト」。
強要のエネルギーがないかを確認する。

リクエストのポイント
・最後に「？」をつける。
・行動を促すような、明確で肯定的な言葉を使う。
・つながりたい気持ちを保ち続けると、うまくいく。

これまでは…

ジャッカル語
暴力的なコミュニケーション

強要・命令

・周りの人に自分の考え方ややりたいことを押しつけて、
　思い通りにコントロールしようとする
・相手が従うまで、引き下がらない
・どうしてほしいのか、具体的なお願いではなく、一方
　的な命令をする
・自分の幸せを自分でどうにかしようとせず、周りの人
　に丸投げしている

> 「早くやりなさい！」
> 「なんでそんなことも、わからないの？」
> 「もっと優しくしてよ！」

×　分断や対立が生まれる
　　ニーズはかなわない

子どもとつながろう

これからは…

キリン語
非暴力コミュニケーション

リクエスト

・周りの人に自分の考え方を伝えた上で、ニーズをかなえるための、あくまでも自主的な協力をあおぐ
・納得して行動するかどうかは、相手次第。NO！を素直に受け取る
・どうしてほしいのか、ニーズを提示した上で、具体的で前向きなお願いをする
・あくまでも自分のニーズをかなえるのは自分、ということを理解し、ほかの人に期待しすぎない

行動リクエスト
「協力や配慮が欲しいな。ありがとうとか手伝おうかって言ってほしいな。どうかな？」

つながりリクエスト
「ママの話を聴いて、どう思うか、教えてくれる？」「ちゃんと伝わったか知りたいから、なんて聴こえたか、教えてくれる？」

やだ！が帰ってきたら、
強要せずに受け取り、
また自己共感に戻る。
「悲しいな」「困っちゃうな」

○ 対話が始まる
つながりや理解が生まれる
ニーズがかないやすい

「やり方」ではなく「あり方」

LESSON 4でひもといた「観察」「感情」「ニーズ」「リクエスト」の要素と使い方を覚えましょう。私は、とっさの時でも戻ってくる場所があるように、「観察、感情、ニーズ、リクエスト」と呪文のように頭で繰り返し、意識にすり込んでいます。

ただし、4つの要素を全て網羅する必要はありません。観察が抜けたり、リクエストを出さなかったりすることもよくあります。手法に固執しすぎないこと。大事なのは「つながり続けよう」という、その気持ちです。

NVCを始めたての頃は、キリンもよちよち歩きで、言葉もたどたどしいかもしれません。私も、リストをのぞき込んで「感情は？　ニーズは？」とやっていて、娘に「今は、NVC使わないで！」と言われてしまうことがありました。

「せっかくやっているんだから、そんな言い方しなくてもいいじゃない！失礼ね」と外向きジャッカルが出そうになる時こそ、深呼吸して、キリンの耳をつけます。

（内向きキリン）「悲しいし、残念だなぁ。穏やかな言葉で話すことは、私にはとても大事なこと」
（外向きキリン）「慣れているやり方のほうが安心するし、分析された気がして嫌なのかな。自分で決めたいという選択のニーズもあるかな。だから、いら立つのかもしれない」（言葉に出さずにサイレント共感する）

そして、もう一度、自分の内側を確認します。思い通りにしようとしていないか。感情やニーズを機械的に探ったり、定型文にはめようとし過ぎたりしていないか。本当につながりたい、自分も子どもも大切にしたい、と

いう気持ちがあるか。

NVC は、一生続く、愛とつながりを大切にする「あり方」のプラクティスです。「やる」というより、「ある」。手法よりも、自然なあり方が大切です。平和はここから、私から。そのエネルギーは必ず、子どもに、周りに伝染していきます。

「ご飯を食べない、さやちゃん」の場合

4歳のさやちゃん。ご飯を食べる時間になっても、遊びに夢中でなかなか食卓の席についてくれません。遊ばせてあげたいけれど、ご飯も食べてほしい。早く片付けて、ゆっくりしたいのも本音。つい「いい加減にして、早く食べなさい！」と怒鳴ったり、「ちゃんと早く食べたら、デザートあげるよ」とごほうびでつったりする場面。NVCの出番です。

母：「ご飯の時間だよ。もう遊ぶのをやめて、食べようー」

子：返事をせずに、遊び続ける
母：（あぁーイライラする。返事もせずに、無視だなんて！　むかつく。栄養あるものをせっかく作ってあげているのに。おなかをすかしていると思って急いで作ったのに！）

子：遊びに集中し続けている様子
母：（NVCを使ってみよう。まずは深呼吸して…、自己共感。感情は、むかつく、悲しい、腹が立つ、むなしい、心配。ニーズは、理解、協力、子どもの健康。あと一人でゆっくりする時間も大切。少し気持ちが、落ち着いてきたぞ。そうすると、さやの感情やニーズにもつながる余裕が出てきた。共感してみよう）
「さやは、もっと遊びたいんだね。ご飯の時間を、自分で決めたいってこともあるのかな。そんな時に、遊ぶのをやめて食べようって言われたら、やだなって思っちゃう？」

子：「うん、そうー。もっと遊びたいの。おなか、あんまりすいてないし」
母：（お、返事が返ってきたぞ。よしよし。ここは伝え返しをして、共感していることを、子どもに理解してもらう）
「そうだよねぇ。遊びたいよねぇ。おなかもあんまりすいてないんだね」

子：「うん、そうなのー。ママも一緒に遊ぼうー」
母：（さやの感情やニーズはわかった。遊びや自発性は、確かに大事なニーズだな。でも早く片付けて、食後にのんびり過ごしたい、っていう私のニーズも大事。どちらも大事なニーズだなぁ。それを正直に伝えてみよう。どうしたらいいか、リクエストも送ってみよう）

「そっかぁ。ママとも遊びたいし、自分で決めたいんだね。さやのしたいことは、わかったよ。ママはさ、早く食べて片付けもして、ご飯の後の時間、ゆっくり過ごしたいんだよねぇ。だからさやに協力してほしいと思っているんだけど、どう思う?」

子:「やだ」
母:(むかつくー! 子育てって、ほんとうに試練。私の声がけのせいかなぁ。落ち込むなぁ。理解とか尊重っていうニーズがあるなぁ。子育てに対する自信も大切。よし、観察、感情、ニーズ、リクエストに当てはめて、それを素直に伝えてみよう)
「さやが、やだって言う時(観察)、ママは悲しいなぁ(感情)。さやにママの大事にしたいことを一緒に大事にしてほしいから(ニーズ)。ママがゆっくりしたい時間を、大事にしてほしいけど、どう思う?(リクエスト)」

子:無言
母:(はぁー。がっかり。もう一度、ゆっくり丁寧に感じてみよう。さやの遊びのニーズ。私のゆっくりタイムや理解というニーズ。どっちも同じように大事にするには? あ、そうか! 遊びながらご飯を食べて、その後にゆっくりタイムにしたら、お互いのニーズがかなうかもしれない。私も娘と楽しい時間を過ごせるから、嬉しい。さやに共感した上で、聞いてみよう)
「今は、そんなこと話したくない感じなんだね(子どもへの共感)。ご飯食べるのを、ママと一緒にお姫さまごっこにして食べるのはどう?」

子:「うん! 楽しそう! ママ、ご飯食べよー」

というわけで、一件落着。ご飯を楽しく食べた後、片付けも済ませ、母のゆっくりタイムも確保できました。この場合、さやちゃんはお母さんのゆっくりしたいというニーズを理解したかは、わかりません。それでもお母さん自身が、さやちゃんのニーズを損ねることなく、自分のニーズもかなえられた点で、NVC が活きています。

キリン語の作文をしてみよう

普段、あなたが発しているジャッカル語を、キリン語の文法に当てはめてみましょう。「観察」「感情」「ニーズ」「リクエスト」を用いて、作文したものを書き出してみます。

例：ジャッカル語

「これはおもちゃじゃないの。高いものなのよ。遊ぶのはやめてちょうだい」

キリン語

（観察）あなたがお皿で遊んでいる時、

（感情）ママはハラハラしちゃうし、心配になっちゃうの。

（ニーズ）これはとても大事なものだし、安心したいから。

（リクエスト）こっちのコップで遊んでも楽しいと思うけど、どう？

子育ての場面で、つい発しているジャッカル語

キリン語にすると…

（観察）

（感情）

（ニーズ）

（リクエスト）

みんなの声 <実感している変化 2>

自分の心は後回し、置き去りにして、夢中で子育て
していた頃、時々感情があふれ出して爆発してしまうことが
ありました。NVC で、自分自身の心をハグする大切さに気づいて
初めて、子どもたちとの向き合い方も変化していったと思います。
言葉の選び方は日々の積み重ね。まだまだ怒りの感情を
露呈してしまうこともありますが、子どものニーズに気づくことは、
子どもの個性を尊重することにもつながると思い、
キリン語の修練中です。
（まゆ 40 代・東京都在住）

子どもの行動に対してさんざん怒ったあとで
自己嫌悪というスパイラルな日々。NVC で
「全ての感情の責任は自分」にあると知り、
私をイライラさせたり困らせる**娘の行動**は、
自分で気づけない感情やニーズを私に知らせて
くれているんだと思うと、そんな行動も
愛おしく思えるようになりました。
（Mizuho 40 代・兵庫県在住）

自分の思いを伝えながらも**息子と戦わないことが**
できるようになりました。NVC に出会えて
つながり自分を癒すこと、NVC に沿ってリクエストをすることで、
だからと理解しようと思えど、私の心の中には嵐がきて、
瞬く間に怒りと悲しみが渦巻きます。でも、自分と
してひどい言葉を言ったり、それを態度で示したり。成長過程
思春期に入った息子がいます。子ども自身がイライラ

自己共感をすることで
自分のことがよくわかるように。
子どものせいにすることが、ぐっと減りました。
自分を大切にすると、子どもの思いも
大切にできるようになり、穏やかな日常に。
（あこ 42 歳・大阪府在住）

思春期の子どもがいます。子どもが悩んだり
困ったりしていると、ついアドバイスをしたり、進んで
解決策を提示していましたが、NVC を学んでから、子どもが
困難に直面した時のモヤモヤの感情に共感する意識が高まり、寄り添う
声がけに変わりました。共感する態度を取ることで、子どもが安心して
自らの課題への解決策を考えられるようになり、
成長にもつながっています。
（Naoko 30 代・鹿児島県在住）

０歳と７歳の息子がいます。今までは
こうしなきゃに囚われて、息子たちのほんとうの気持を
じっくり聴いていませんでした。NVC を学び、よいも悪いも
ジャッジせず、そのままを聴こう、ニーズを知ろうとしてから、
お互いの安心感が増え、
親子のつながりが深くなったと
実感しています。
（ゆみこ 40 歳・神奈川県在住）

シンプルにありのままの自分を
受け入れ表現することの恐れ、
ありのままの自己で生きることの不安、そこにある満たしたい願い。
この想いに深くつながること、そこから外側へも意識を向けていく。
シンプルだからこその難しさ。そこに NVC の魅力があるのだと感じました
まだまだスタートラインに立ったばかり。
キリンの広いハートで、
自己愛を深め続けていこうと思います。
（miku 31 歳・東京都在住）

こんな時、
NVCをどう活かす？

NVCは、ひと通り学んで終わりとするものではありません。日々の生活の中で実践を続けていくものです。そうして初めてキリン語が常用語になり、自分自身のあり方にも、子どもへの言葉がけにも、根本から大きな変化が現れます。LESSON 5では、日常生活によくある場面ごとに、ジャッカル語からキリン語に言い換えるポイントを解説します。気長に一生のプラクティスとして取り組んで、あきらめず、楽しんで続けていきましょう！

NVC in ACTION

Q ワンオペ育児に、疲れ果てました。もう育児放棄したい。

◎解説

一人でがんばるのも、もう限界なんですね。無力感、不安、孤独、絶望。「私だけ、どうして?」、誰もわかってくれない、ずるい、不公平だ、むかつく、そんな気持ちもありますか。何をやるにしても、やる気が出なかったり、わけもなく涙が出たりもしますか。親として失格。自分が好きじゃない、この先、どうなるんだろう、やり場のない、いろいろな感情がありますよね。

まずは一緒に、大きく深呼吸しましょう。そう、何度でもため息をついて身体(からだ)の力を抜くようにしてみます。そしてどんな感情もそのまま、何も変えることなく受け止め、味わってあげましょう。

まずは自分にたっぷり「自己共感」をすることで、少しずつ心をほぐしていきましょう。ジャーナリングしてもいいですね。正直にありのままの気持ちを書き出しましょう。周りに話を聴いてくれそうな人がいたら、聴いてもらうのもいいでしょう。状況の改善方法に急がず、とことん今の気持ちを感じきることが、先決です。

まずは自己共感

負の感情がある時こそ、自分自身に共感。共感には、心身ともに楽になるような、大きなヒーリング効果があります。

WORK

どんな感情がありますか。書き出してみましょう。

例：むなしい、いきどおり、悲しい、憂鬱、戸惑い、ねたみ

その一つ一つを大切に、抱きしめるようにして味わいます。

例：「そうかぁ、むなしいんだね。ねたみも、あるんだねぇ。そうか、そうか」

そうすることで、心や身体に感じる変化が、ありますか。

子育てで、不安症やパニック、自己嫌悪に陥ることは、特別なことではありません。身体やホルモン分泌や睡眠時間の変調もあって、産後うつを経験するお母さんも、たくさんいます。そんな時は、無理せず自分に優しくします。辛い時こそ、共感の力に頼ろう。

誰かにゆっくり話を聴いてもらうことも、心の栄養になります。心を開いて話せるような信頼できる人が見つけにくい場合は、NVC講座やコミュニティーに参加してみて下さい。安心してなんでも話せる共感仲間に、きっと出会えますよ。

暴言が止まらなくなってしまう時が
あります。自分でも怖い。

◎解説

「何を考えているの、全く！」「そんな悪い子、もう知らない！」「出てい
きなさい！」。感情のコントロールがきかずに、反射的にそんな言葉を連
発してしまうことがありますか。手が出てしまう時もあるかもしれない。
罪悪感や自己嫌悪にさいなまれたり、「自分は毒親（どくおや）だ」と落
ち込んだりすることもありますか。

そんな時に力を発揮するのは、やっぱり深呼吸。そうやって、ひと息つい
て心と時間の余裕を確保して、今ここを丁寧に味わい、自分の満たされて
いないニーズを探ってみましょう。犯人探しではなく、宝探しです。

反省や後悔の気持ちがある時も、「私が落ち込んでいるのは、それだけ子
どもに理解してもらうことが大事だからだ」と捉え直すことで、不必要に
自分を卑下することが減ってくるでしょう。ニーズが見つかることで、自
分の大切にしたいことがわかるので、状況を改善するための前向きな次の
一歩が、自ずと見えてきます。

 ### ピンチの時こそ、ニーズ探し

悲痛の叫びは、あなたの大切なニーズが満たされていな
いサイン。心の内側に気づくスペースを確保して、ニー
ズ探しをしましょう。ニーズにつながることで、反省や
後悔も、前向きにできるようになります。

どんな暴言を吐くことが、多いですか。

例:「頭、悪いんじゃないの?」「私ったら、母親失格だわ」

そんな時、これからは、どんなことができますか。

例:深呼吸する、「心に敵はいない」と思い出す
「今、ここにいたら、もっと怒っちゃいそう。今は、一人でいる時間が大切みたい。
ここを離れるね」(と伝えて、その場を一旦、立ち去る)

心を落ち着けたら、自分の中で満たされていない
ニーズを探して、書き出してみましょう。

例:理解してもらうこと、協力、一日の流れ、つながり、余裕

ニーズを見つけたことで、
あなたの中で感じる変化が、何かありますか。

ジャッカル語が出てしまうことも、ありますよね。そんな時も、完璧ではない自分を受け入れる。反省して、潔く謝る。「大きな声で、怒っちゃったね。傷つけたんじゃないか、心配。あなたとのつながりがとても大事なの。ごめんね。これ聴いて、どう思う?」。子どもはそんな親の姿勢から、多くのことを学びとります。

何度注意しても、
言うことを聞かない子ども。
どう声がけしたらいい？

◎解説

例えば、こんなシーン。子どもが、冷蔵庫を開けたり閉めたりするので、「やめてね」と注意するのに、一向にやめない。つい「何回言ったらわかるの、悪い子！」と強い口調でしかってしまいます。

親はこうしてほしい！ という、理解や安心の大切なニーズがあります。だからこういう時、イライラしたり、がっかりしたりしますよね。でも一方的な強要や押しつけになっていることはないですか。

子どものニーズに関心を向けてみましょう。子どもは大半の時、「遊び」のニーズを満たそうと、いろいろな活動に真剣に従事しています。それさえ覚えておけば、親の思い通りにいかない時も、大らかな心で見守れるようになるでしょう。「面白いんだね」「自分でもやってみたいんだね」というふうに。

親としての自分のニーズ、子どものニーズ、両方を等しく大切にすることを心がけると、信頼やつながりを深めることができ、問題が生じた時もスムーズに解決できるようになります。

親のニーズ、子どものニーズ、
両方を大切に

みんなに大切なニーズがあって、それをかなえようとしているだけ。親の思い通りにしようとしないよう、注意しましょう。

子どもが言うことを聞かない場面を 一つ、思い浮かべましょう。
これまではどんな言葉をかけていましたか?

例:注意しても、冷蔵庫の開け閉めをやめない時「おもちゃじゃないのよ。ダメ!」

子どものニーズ、親のニーズ、どちらも探ってみましょう。

例:子ども(遊び、刺激、好奇心)
　　親　　(安心、理解、尊重)

両方のニーズを大切にすると、どんな声がけになるでしょうか。

例:「遊びたいのかな?　ママがやっていること、真似したいよね」「でも冷蔵庫が壊れちゃわないか、ママは心配なんだ。中に入っているご飯がこぼれたら、悲しいし、それもわかってほしいんだ。これを聴いて、どう思う?」「じゃあ、別の楽しい遊びを一緒に考えてみようか?」

自分のニーズがすぐにかなうとは限りません。また子どものニーズをかなえてあげられない時も、あります。それでもニーズを理解し大切にし合うことで、人と人同士のつながりや理解が育まれます。

Q ほかの子どもに、意地悪しちゃう。どうしたらいい？

◎解説

子どもが一緒に遊んでいる友達に乱暴な言葉や態度を示す時、またはほかの子どもからそうされる時、親も悲しかったり、ハラハラしたりしますよね。つい「やめなさい！　謝りなさい」と強要したり、「みんなで仲良くね」とさとしたりしがちです。

そんな時こそ、まずは観察してみましょう。「あなたが○○ちゃんにおもちゃを貸さないで、意地悪する時〜」では、評価が入っています。「○○ちゃんが、『貸して』と言うのと同時に、あなたが後ろを向いた時〜」と、見たものそのままをニュートラルに伝えます。親がいい悪いを決めるのではなく、目の前で起きていることをカメラのような観察眼で捉えるのです。

子どもは、遊びに夢中で気づいていなかっただけなのかもしれない。または一人でじっくりおもちゃで遊びたかったのかもしれない。子どもの中では、親が考えもしない世界が広がっている可能性があります。

観察ができたら、その後に続けて感情、ニーズ、リクエストも伝えることで、今までとは違った対話が広がるでしょう。

ポイント　「評価」ではなく「観察」

自分の子どもには、つい厳しくしたり、または逆に甘くなったりしがちです。状況を中立に把握し、観察することにつとめましょう。

交友関係において、自分の子どもを「評価しているな」
と感じることが、ありますか。
これからは、どんなふうに言い換えられますか。

例：「〇〇ちゃんが、『貸して』と言ったけれど、あなたが後ろを向いた時、（観察）
ママは悲しいし、残念なんだ。（感情）　それは仲良くすることとか、譲り合
うことをママは大事にしているから。（ニーズ）　これを聴いて、どう思う？
（リクエスト）」「あなたは一人で遊びたいのかな？（子どもへの共感)」

外出先で、子どもがかんしゃくを起こした時は、絶望感を感じます。どう対応する？

◎解説

スーパーやレストラン、電車の中など公共の場で子どもが騒ぐと、親は気が気じゃありませんよね。怒ったり、さとしたり、なだめたり、あらゆる手を打ってなんとかしようとする。もうお手上げで、どうにもならないと、強い言葉が出たり、力づくで何とかしたりもしてしまうでしょう。

そんな時も、まずは自己共感から始めます。「みんなが見ている前で、恥ずかしい」「ダメな母親だと思われたくない」「時間がなくて、イライラする」「うるさくて申し訳ない」。社会の評価や、安心、効率などのニーズがあるでしょう。そうしているうちに、少し心が落ち着いてくるはずです。心の余裕が生まれてくると、子どもを責めるのではなく、全身で表現しているニーズは何かに好奇心が持てるようになります。「気に入らないことがあるのかな」「お腹すいたのかな」。寄りそって言葉をかけてあげることで、子どもの気持ちもおさまってくるでしょう。

状況によっては、親のニーズを優先せざるを得ないこともあるでしょう。それでも、あなたのことを理解したいんだよ、大切にしたいんだよ、という「つながろう」という態度を持ち続けることで、子どもへの理解が進み、子どもとの信頼関係も育ってくるでしょう。

つながり続けようとする姿勢を大切に

子どもが全身で伝えようとしていることは、なんなのか。子どもを悪者にしないようにつとめ、つながり続ける態度を大切にしましょう。

外出先で、子どもが駄々をこねてもおさまらない時を、
思い出してみましょう。その時、どんな言葉がけをしましたか。

例:「いい加減にして!」「(周りの人に)すみません、うるさくて…」

自分に共感してみましょう。

例:「ハラハラする。何より穏やかに過ごしたい」
　　「恥ずかしい。周りから、しつけもできないダメな親だと思われたくない」
　　「安心したい、受け入れられたい」

子どもに共感してみましょう。

例:「何か不快なことがあるのかな」
　　「ママにわかってほしいことがあって、イライラするのかな」

かんしゃくを起こした時のことについて、ゆっくり時間が取れる時に、
子どもと話し合うのもいいですね。

Q 予定通り、思い通りに行動してくれないと、おどしたり、ごほうびでつったりしてしまいます…。

◎解説

「〜したら／〜しなかったら、〜してあげる／〜してあげない」などと、ごほうびやおしおき（罰）の作戦を使うことは、子育てでよくあります。

でもそれでは、「〜が怖い／欲しいから、〜する／しない」と、子どもの行動の動機が不純になってしまいます。また親に心配をかけたくないから、褒められたいからと、親の顔色をうかがう子どもに育ってしまいます。

「あなたの行動は、ママのこんなニーズをかなえることに協力してくれているんだよ」と伝えることで、自分の行動がほかの人にどう貢献するのか、子どもは理解します。「何をするか」よりも「なぜするか」を子どもが理解できるよう、ニーズを明確に伝えましょう。

「どんな理由でやってほしいか」を伝えよう

親のニーズを明確に伝えることで、「そのニーズを一緒に大切にしたい」という、子どもの純粋な動機を引き出しましょう。

どんな時に、おしおきやごほうびの作戦を使っていますか。

例：「幼稚園、行きたくない〜」と泣かれると、私も仕事があるし、困る。
そんな時は「行かないと、お友達いなくなっちゃうよ！」と、おどしてしまう。

その時の自分に共感して、ニーズを明らかにしてみましょう。

例：「仕事しなくちゃいけないから、困る。焦る。（ニーズ：効率、1日の流れ）」
「なまけグセがつかないか、心配。（ニーズ：安心、成長）」
「ほかのお母さんや幼稚園の先生の目も、気になる。（ニーズ：地域社会とのつながり、受け入れられること）」

それをありのまま、子どもに伝えるとどうなるでしょうか。

例：「ママは仕事をしなくちゃいけないから、困っちゃうんだ。それに〇〇がお友達と仲良く遊んで育つことが大切だから、幼稚園に行かないっていうなまけグセがつかないか心配なの。これ聴いて、どう思う？」

「やらされている感」が強くなると、子どもとの関係は悪化してしまいます。時間がかかったとしても、丁寧にニーズを伝えるように心がけてみよう。

子どもが友達とのトラブルを
報告してきた。
どうアドバイスしたらいい？

◎解説

子どもが困っている様子を見るのは、つらいですよね。いたたまれない気持ちになり、なんとか解決してあげたい、と思ったりしますか。

質問、励まし、アドバイス、解決などは、理解、貢献、安心といった親のニーズを満たすかもしれません。でもそれは、子どものニーズとは無関係の場合もあるでしょう。子どもは「わかってくれる人がいる」と感じるだけで安心し、自分らしく行動していこうという力を得ます。

やっていることの手を止めて（スマホも置いて）、子どもの目線になり、まずは子どもに共感します。感情とニーズを探りながら、じっと心で聴きます。「悲しいよね、心配もしてる？」「お友達と仲良くしたいよね。安心もしたいかな」など、感情やニーズを聴き出してみましょう。難しければ「そうかぁ」と誠心誠意、聴き入れてうなずくだけでも十分です。今まで見えなかった子どもの心の風景が見えてきて、子どもへの理解も深まるでしょう。

最愛のギフトは「ただそこにいること」

アドバイスしたり、解決しようとしたり、励ましたりする前に、子どもの心の声を共感的に聴きましょう。

子どもが最近、相談してきたことは、どんなことですか。

　　　　例：「あのね、○○ちゃんが意地悪するの」

その時、どんな対応をしていますか。

　　　　例：「たいしたことないよ。頑張れ！」「もうその子とは、遊ばなければいいんじゃ
　　　　　　ない？」「本当は、○○ちゃん、あなたのこと好きなんだよ。だからちょっ
　　　　　　かい出してくるんだと思うな」

共感的に聴くと、どう返してあげられますか。

　　　　例：「そうかぁ、それはつらいね。悲しいね」「どうしたらいいかわからない気
　　　　　　持ちもあるかな。安心したいし、仲良くしたいよね」

　　　　自分の感情やアドバイスを子どもに伝えたい時は、共感した後でリク
　　　　エストを送ります。「この話を聴いて、ママも伝えたいことが出てきた
　　　　んだけど、聴いてくれるかな。受け取る心のスペースある？」という
　　　　ふうに。「うん（YES）」が返ってきたら、伝えるようにします。

兄弟ゲンカが激しすぎて、大騒ぎ。
うるさいし、仲良くしてほしい！

◎解説

親としては、仲良くしてほしいし、早くその場をおさめたいですよね。小さい子のほうや泣いているほうの味方をして、「早く仲直りしなさい！」「ごめんなさいは？」「お兄ちゃんが悪いよ！」などと言ってしまう場面です。でも意見をぶつけ合って、さまざまな感情を経験することも、人間の成長に大切なこと。その機会を、親の一存で奪ってしまわないように。

どの子どもにも、等しく共感してあげましょう。人は心から聴いてもらえた、理解してもらえた、受け入れられたと感じると、それだけで気持ちが満たされます。すると、ほかの人の感情を理解する余裕も生まれます。「お兄ちゃん（弟）は、どうしたいんだと思う？」と、ケンカしている相手の気持ちにも目を向けてやる手助けをします。そうやって、お互いの異なる大切なニーズを認め合えるよう、心をつなぐ橋渡しの役割を心がけます。

子どもたちが冷静な時に、話し合いの場を設けるのもいいですね。

「1日に2回、大きな声でケンカをしている二人を見る時（観察）、
ママは悲しいし、ヘトヘトでどっと疲れちゃうんだ（感情）。
仲良くすること、理解し合うこと、家の中が平和で穏やかなことが、ママにとっては大事だから（ニーズ）。
これを聴いて、どう思うか、それぞれ教えてくれる？（リクエスト）」

平和の道をサポートしよう

親の役割は、一人一人の子どもがお互いを尊重し合い、平和の道を歩むサポートをすること。「いい」「悪い」の判断や罰を与えることではありません。

Q スマホのゲームやネット動画に夢中。 つい見せちゃうけど、 それでいいのかな…。

◎解説

子どもがスマホなどのデバイスに釘付けになっている時は、静かにしていてくれるので、親としても楽だし、正直助かることも多いですよね。だからつい子守りがわりに活用して、見せっぱなしにしてしまうことも。その一方で罪悪感にかられたり、発育への影響も心配になったり…。悩むのも当然です。

まずは自己共感して、親としてのさまざまな感情やニーズを整理しましょう。モヤモヤの正体を明確にすると、見方や伝え方も変化します。さらに子どもの年齢別のニーズに合わせたスマホ利用を心がけると、親の「安心」「交流」「学び」などのニーズも満たされるはずです。

今後も、ますます加速していくであろうスマホ利用だからこそ、子どもの可能性を最大限に引き出すツールとして、スマホやタブレットに使われるのではなく、子どもの成長に合わせて上手に使っていきたいものですね。

ニーズにつながった、安心で納得できる使用を

親としてのニーズを明確にしたり、子どものニーズをかなえるツールとしてスマホを捉え直したりすることで、利用の仕方を整えることができます。次のページのワークも役立ててください。

まずは自己共感しましょう。どんな感情やニーズがありますか。

感情
例：心配「体力、コミュニケーション能力、創造力などが育たないのでは」
　　不安「必要のない情報まで、取り入れてしまうかも」
　　罪悪感、後ろめたさ「手抜きの育児をしているのでは」
　　ありがたさ「おとなしく静かにしてくれていて、楽だわ」

ニーズ
例：満たされているニーズ：「子どもの学び」「(自分でゆっくり過ごせる)一人の時間」
　　「(その間、家事などができるから)効率」
　　満たされていないニーズ：「子どもの健全な成長」「自発性」「安心」「交流」

それをどう子どもに伝えますか。今までと伝え方に変化はありますか。

例：「あなたが元気に成長することが、すごく大事なの。目が悪くならないか、心配だな」
　　「ママも一緒に遊びたいな。リズム体操の動画で、一緒にやって見ない？」

子どもはスマホやタブレットを利用することで「遊び」「刺激」「リラックス」などの大切なニーズをかなえています。さらに子どもの年齢別のニーズには、こんなことが挙げられます。
乳幼児から1〜2歳：感覚や身体の動き
2歳以降：色や形の多様性・想像性、言葉の組み立て
4歳以降：理解すること、応用すること
「子どもの成育のために、どんなふうにスマホやタブレットを役立てられるだろう」と捉えてコンテンツ選びをするなど、適切な利用をサポートしてあげよう。

下の子が生まれてからの
上の子の「赤ちゃんがえり」に
困っています。

◎解説

「お兄ちゃん（お姉ちゃん）になったんだから、しっかりしてよ！」「それ
ぐらい、一人でできるでしょ」。上の子も甘えたいのはわかっていても、
ついきつい言葉が出てしまう。赤ちゃんがえりの場面に限らず、子どもが
「やだ！（NO！）」と言うと、つい「ダメよ、やりなさい！」と強い口調
で言ってしまいます。

子どもから「NO！」が聞こえてきたら、その裏では逆に何に「YES！」
と言っているのか、想像力を働かせて共感し、くみ取ってあげましょう。
「できない」だったら、「サポート」「つながり」「配慮」を必要としている
裏返し。子どもは（大人だって）自分が必要としていることを、明確に伝
えるのに不慣れです。「NO！」ということで、どんなニーズを満たそう
としているのかに、注力します。

 ### 「NO！」に隠された「YES！」を見つける

やってくれないこと、やらないでほしいことに着目する
かわりに、何に「YES！（ニーズ）」と言っているか、
キャッチしましょう。

子どもが NO！ と言ったり態度で示したりする場面を
思い描いてみましょう。

例：「一緒に片付けてくれるかな？」と聞くと「やだ！」と返ってくる。

こんな時、どんなパターンで返していますか。

例：「ダメよ、やりなさい！」

YES！を探ると、どんなふうに言い換えられますか。

例：「今は遊ぶことに集中したいのかな。片付ける時間を自分で決めたいのもある？」

ママ友とは、うわべだけの仲良し。人間関係が実はとてもストレス。

◎解説

本心が言えないのはきらわれたくない、傷つけたくない、関係を断ち切るのが怖い、面倒だ。そんな感情がありますか。確かに「あなたが○○だから、好きじゃない、許せない」と責める言い方では、つながりを絶ってしまいます。

「心に敵はいない」ことを思い出し、相手を責めずに正直に伝えてみましょう。気がのらない会合のお誘いは「大人数の集まりだと、一人一人と深く話せないから、苦手なの」「ちょっと緊張するし、リラックスして過ごしたいから、やめておくね」というように。共感的に話をすることは、優しくていい人でいる、ということではありません。相手におもねることをしたり、意見を隠したりすることとも違います。あくまでも自分が自分を大切に自分に嘘をつかず、相手とも正直に誠実に関わることです。

勇気を持って本心を話すと、驚くほど風通しがよくなって、関係が改善されることがよくあります。あるいは、一時的には離れるかもしれないし、その場でつらい気持ちになることはあっても、お互いの異なるニーズを尊重し合うために、それが最善な時もあるでしょう。

ありのままの正直さが、本物のつながりを生む

ほかの人を責めることなく、ニーズにつながって自分の気持ちを正直に話すことで、心からくつろげる本物の人間関係がかないます。

ママ友や周りの人に対して、実は言い出しにくいことがありますか。
その時の自分の感情とニーズはなんでしょう。

　　　例：待ち合わせをすると、約束の時間に毎回遅れてくる○○さん。
　　　感情：悲しい、残念、イライラする、心配
　　　ニーズ：尊重、効率、安心

相手を責めずに正直に、どう伝えられますか。

　　　例：「○○さんが約束の時間に遅れてくる時、約束の時間を間違えて伝えたかな、事故に
　　　でもあったのかなっていろいろ考えて、すごく心配だし不安になるんだ。それに、
　　　私との約束が大事にされていない気もして悲しくなるよ。遅れる時は連絡してほし
　　　いけれど、どうかな？」

子育てに協力してくれない夫に、
イラッとする。
結局、いつもケンカばかりです。

◎解説

子育てに協力が得られないと、大変さで疲労が溜まったり、悲しかったり、投げ出したくなったりするでしょう。そんな時は、「休みの日ぐらい、協力してよ」「私が全部、やればいいんでしょ！」と、つい責めるエネルギーをぶつけてしまいがちです。でもそれだと相手も心を閉ざしてしまい、ニーズをかなえるために協力してくれる確率も低くなってしまいます。

まず自己共感して、自分のニーズを把握すること。それを相手に伝え、ニーズを一緒にかなえてほしい、と命令ではなくお願いすること。「ニーズをかなえるのは自分」と自覚していれば、たとえ「NO！」が返ってきても、ストレスを感じにくいでしょう。

もしかしたらパートナーも、家庭に持ち込まないようにしている仕事の多大なストレスがあり、大変なのかもしれません。理解し合い、お互いのニーズをサポートし合える環境づくりをしてみましょう。

リクエストは、つながりを作るプレゼント

相手が自分のニーズを理解して、それをかなえてくれる行動をしやすいように、わかりやすく具体的で前向きなリクエストを送りましょう。

パートナー（や周りの家族）に発しているジャッカル語を
書き出してみましょう。

例：「いいよね、男の人は気楽で。私だって仕事しているのに。
　　休みの日くらいゆっくりしたいんだけど」

ニーズを含んだ具体的なリクエストに、言い換えてみましょう。

例：「今の私には協力を得ることが大切なの。午前中は子どもを見てもらえると
　　助かるけど、どうかな？」
　　「自分の時間が必要なの。今晩はご飯作ってほしいけど、どう？」

義母と子育ての方針が違って、窮屈。私だって、頑張っているのに…。

◎解説

認められたい、理解してほしい、そんなニーズがありますか。それがかなわないと悲しくなるし、腹が立ったりしますよね。

方法論（手段や戦略）の違いはあるけれど、子どもの健やかな成長を望んでいるからこそ、お義母さんも心配しているのでしょう。子育てに協力したい、役立ちたい、サポートしたい、と思っているのかもしれません。

「どっちが正しい論」のジャッカルではなく、「どっちも正しい論」のキリンになって、相手に共感します。「時間に厳しいなぁ」と思う人は「規律」が大切、「決め事に細かいなぁ」と思う人は「秩序」が大切など、相手の行動の大元にあるニーズを理解するようにつとめます。

自分の大切にしているニーズも、自信を持って伝えます。相手と違ったとしても、ニーズにつながり堂々と伝えれば、相手もわかってくれるはずです。たとえあなたを傷つけようという思いが相手にあったとしても、それは相手の心の問題。個人的に受け取らないようにして、「お義母さんイライラしているんだな」など心の中で共感してあげます。

NVCを実践していない人とも、もちろんNVCは実践できます。平和はここから、私から。自分の心の中に対立的なエネルギーがなければ、どんな相違も乗り越えて、信頼し合う豊かな関係性が育っていくはずです。

 ### 相手とも自分とも、深くつながる

「自分がどう思われているか」ではなく「相手の心の中で何が大切か」に好奇心を向けて共感的に聴いてみると、多様な価値観を受け入れやすくなります。

キリン道を、みんなで歩もう

平和気質になってキリン語を話せるようになった私でも、ジャッカル語が出てしまう時がよくあります。そんな時は「ずっとやっているのに、また暴言を吐いてしまった」「NVCを教える立場なのに、恥ずかしい」と、落ち込みます。

でもNVCは、ひと通り学んで終わり、というものではないことを知っています。平和気質に戻ろう、キリン語を話そうと心にとめて、何度でも再トライしています。

キリン語の習得は、一人でできることもありますが、同じようにキリン語を習得しようとする仲間との練習が欠かせません。染みついてしまったコミュニケーションのクセは、なかなか手強いものです。だからこそ、一緒に学び、深められる仲間の存在がとても励みになります。

私はNVCを学ぶ人たちが集うグループを定期的に開催したり、夫とも子どもとも「共感バディー」(p.130)をしたりしています。

あなたも家族や仲間たちと話し合ったり、練習したりする時間を、ぜひ設けてみて下さい。私やほかのガイドが開催しているNVC講座やサークルにも、ぜひご参加をお待ちしています。この本をテキストに活用して、定期的に集まる子育てグループを作ってもいいでしょう。子どもとの日々のコミュニケーションでの実践はもとより、学びのための対話を通じて、キリン語マスターの道を、楽しく進んでいきましょう。

この道は、とても楽しく、有意義な道のりです。子育てがどんどん楽になってくるし、自分の共感力が増してくるのがわかるし、人間関係がますます良好になっていく実感があります。その先には、みんながくつろぎ平

和に生きている世界があります。

そんな世界を自分の周りから少しずつ形成していくために、命ある限り、NVC を続けていこうと決めています。一人ではできません。ぜひみなさんも一緒に、子どもたちとともに、キリンの世界を創造し、歩んでいきましょう。

子育ての今、子育てのこれから

このワークブックを通して感じたことを、話し合ってみましょう。家族、友達、地域の子育てグループ、保育園のママ友やパパ友となど、いろんな人との対話が考えられます。子育ての反省点、これからの NVC の学びで期待することなどを話し合うのもいいですね。

言葉にして伝え合ったり、それぞれの思いに耳を傾けたりすること自体が、NVC の大切な練習です。対話や交流の中で、学びを深めていきましょう。

終わりなき「子育て」と「自分育て」

分断と対立だらけのこの世界で、あきらめそうになっても、途方に暮れた時も、できることがあります。それは子どもに対する、あなたの言葉がけや態度を改めること。マザー・テレサは、1979年にノーベル平和賞を受賞した際、「世界平和のために私たちはどんなことをしたらいいですか」とたずねられた際に、こう答えたそうです。

「家に帰って、家族を大切にしてあげてください」

NVC を実践し始めた当時、5歳だった娘は、今、17歳。多感な思春期のフェーズで、親として口出ししたいことも多々あります。たくさん衝突もします。

でも、だからこそ NVC のワークが日々、活きています。なんだかんだいって、娘もこう伝えてきます。「私たちなんでもよく話すし、仲良しだよね。ママのこと、一番の友達だと思っている」。娘とのコミュニケーションを通して、私自身が（まだまだ進化途中ですが）「人間的に成長している」「平和な世界に貢献している」と実感できるのが、嬉しいです。

子育ては、小さい時で終わりでは、決してありません。ティーンエイジャーになってからも、親元を離れてからも、大人になってからも、年老いてからも、子どもとの関係づくりは永遠に続くのでしょう。

だからこそ、子どもも育つ、自分も育つ、この楽しい修行をずっと続けていきたいと思うのです。二度と戻らない「今ここ」で、かけがえのない命がつながり、助け合える手助けをしてくれる NVC というプラクティスを、楽しく真剣に続けていきたいと思っています。

平和はここから、私から
平和はここから、家族から
平和はここから、子育てから

共感、それは愛の表現

私は、再婚したパートナーとも、共感バディーをよくします。夫婦だから
こそ、意見のぶつけ合いになりがちです。その都度、お互いの話を心から
聴き合う時間を取っていて、深いところでつながっている安心感と喜びが
あります。

実家の両親とも、仕事先の仲間とも、普段の何気ない友人との日常会話で
も、NVC を使わない日はないほどです。

ここ数年、「NPO 法人 若者メンタルサポート協会」の 24 時間ボランティ
ア相談員として、日々、10 代の若者たちのメンタル相談にのる活動をし
ています。「家庭にも学校にも居場所がない」「自分なんて生きている価値
がない」「友達と話すのも怖い」。そんな彼らにも、ひたすら共感する日々
です。私にできることは、限られています。それでも、彼らは真剣に心を
寄せてくれる存在に安心し、生きていく力を奮い立たせて、またそれぞれ
の現場で必死に生きています。

人には人が必要です。どうしたって、一人で生きていける人なんて、いま
せん。みんな心からほっとできる関係性、もっとつながり合うこと、愛し

合うことを求めています。あなたの目の前の子どもも、世界中の人たちも、あなた自身も。

それをかなえるのが、共感という愛の表現であり、エネルギーです。この本は、「共感という愛の実践書」です。執筆を終えるにあたり、つくづくそう感じています。NVCをやり続けていくうちに、「愛」が自然と引き出されてくるのです。

平和を願う仲間たちへ

愛の実践のためには、一人一人の思考や心に踏み込むような、大手術が必要になってきます。それは、この本を読んだだけで、すぐに達成できるような、簡単なものではありません。執筆していて「言うのは簡単だけど、実際にやるのは、けっこうハードルが高いよなぁ」と何度も思いました。「机上の空論だわ！」とあなたが思って離れていかないといいのですが…。なるべく楽しく続けていけるように、工夫してまとめたつもりです。

この「続ける」ということが、何より大事です。ダイエットと同じです。まず始めることが大事。そしてそこから続けることが、もっと大事。「日々練習あるのみ！」これを、最後にもう一度、お伝えしたい。日々の子育ての場面では、もちろんのこと。でもそれに加えて、ほかの人と集い、練習する機会を持つことをぜひやりましょう。

NVCの仲間と一緒に練習問題をやったり、普段の生活でできた／できない（お祝いと嘆き）の報告をしたり、切磋琢磨することで、キリン語は定着します。ぜひパートナーと練習する時間を取ってみましょう。周りの友達に声をかけて、この本をネタに子育ての悩みや喜びを、心から打ち明けてみましょう。子育てサークルや人の集まりで、この本が教科書がわりに

活かされたら、こんなに嬉しいことはありません。私が主宰しているコミュニティーや講座にもぜひ参加して下さい。お待ちしています。仲間がいるからこそ、続けられます。使い続けることで、キリン語はどんどん上達し、流暢になってきます。

ずっと続くことだから、焦ったり、短期で習得したりしようとしないことも大切です。平和気質は、じわじわと変化を味わうもの。一生のプラクティスとして捉え、気長にキリン道をともに歩んでいきましょう。

最後に、ここまで NVC のプラクティスを惜しみなく伝えてきてくれた世界中のガイドたち、ともに練習し励んできてくれた講座の生徒さんやコミュニティーの仲間たち、娘や家族に対して、心から感謝の気持ちを伝えます。

そして小学館の編集者、笠井直子さん。2019 年から 3 年間、月刊誌『幼稚園』で連載した「koko の今ここ子育て術」からここまで、お互いに、子育てだけでなく、パートナーシップや健康面でのチャレンジもたくさんありましたね。それも乗り越え、たくさんの思いを込めて、このワークブックの完成に漕ぎつけたことに、感謝しています。

さぁ、ここからです。最初はよちよち歩きでも、ほかのキリンの仲間たちと、キリン王国での歩みのスタートです。生活のあらゆる場面で NVC を生かし続けることで、自分や子ども、まわりの人たちと、心の通い合うつながりが育まれていきます。愛とつながりが循環する世界に、ともに住み続けましょう！

あなたが観察を通して、
　　　　　愛に生きられますように

わたしが感情につながり、
　　　　　愛に生きられますように

子どもがニーズを大切に、
　　　　　愛に生きられますように

みんながリクエストを出して、
　　　　　愛に生きられますように

2024 年 3 月
コスタリカ共和国にて

心で深呼吸を味わいながら
koko（丹羽順子）

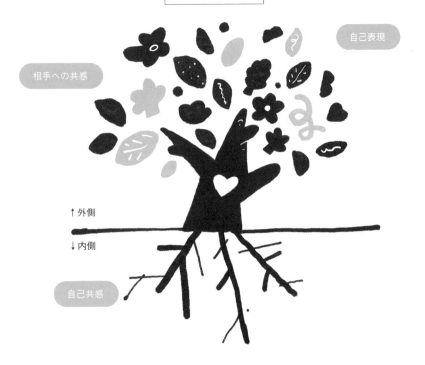

NVC いのちの木

相手への共感

自己表現

↑外側

↓内側

自己共感

NVC の大事なポイントを描いたのが、「NVC いのちの木」です。地面の下には、太い根っこがしっかりと生えています。この土台があるからこそ、木はすくすくと育ち、嵐がやってきても倒れにくい。NVC の「自己共感」、つまり自分に深くもぐってグラウンディングする（地面の下に根っこを生やし、しっかりと足をつけて立つ）ことこそ、コミュニケーションにおいて大切な部分です。

その上で地表には堂々とした幹が育ち、ユニークな葉や果実が、四方八方に広がっています。その形は「自己表現」や「相手への共感」などさまざまです。いずれにしても全てのコミュニケーションは、幹の真ん中にしっかりと育った「ハート（愛）」を起点にして発せられます。

あなたも子どもも、みんな一本の美しい木。さらにそれぞれの根っこは地中深くでつながり合い、豊かな生態系を形成して存在しています。

＊参考：NVC 認定トレーナー、ミキ・カシュタン “NVC Tree of Life”

NVC の対話　4つのプロセス

自己共感	相手への共感
非難や批判や コントロールをしようとせず 「自分がどうであるか」を 正直に捉える	非難や批判や コントロールをしようとせず 「相手がどうであるか」に 耳を傾ける

観察
判断や評価をせず起きた事象を客観的に捉える

私が○○を見る／ 聴く／察する時	あなたが○○を見る／ 聴く／察する時 （言葉にしない時もある）

↓

感情
生じた感情をありのままに感じて認める

私は○○と感じる	あなたは○○と感じる

↓

ニーズ
大切にしたいことや、今満たされていないことを明確にする

○○が必要だから／ 大切だから	○○が必要だから／ 大切だから

↓

リクエスト
ニーズをかなえるために、お願いしたことを伝える、相手の気持ちを聴く

これを聴いて、どう思う？ ○○してくれるかな？	これを聴いて、どう思う？ ○○したい？ （言葉にしない時もある）

NVC 主な感情リスト

喜び

幸せな
嬉しい
楽しい
至福な
誇らしい
ありがたい
すっきりとした
爽やかな
イキイキとした
オープンな
生命力にあふれた
明るい
キラキラした
クリアな
感激の
愉快な

平安

穏やかな
落ち着いた
安定した
安心した
平和な
満足な
優しい
満たされた
ほっとする
解放された
いとおしい
信頼している
くつろいだ
のんびりした
静かな

心動かされる

感動している
わくわくした
夢中な
興奮した

好奇心のある
魅了された
ウキウキした
ドキドキした
とりこになる
驚いた
びっくりした

悲しみ

悲しい
寂しい
不幸な
落ち込んだ
みじめな
がっかりした
絶望的な
残念な
心が重い
暗い
憂鬱な
ふさぎ込む
行き詰まった
孤独な
後悔した
打ちひしがれた
打ちのめされた

怒り

怒っている
腹が立つ
むかつく
きらっている
イライラする
不愉快な
不快感のある

恐れ

落ち着かない
心配な
怖い

不安な
不安定な
パニック
おびえた
躊躇する

反感

ぞっとする
軽蔑する
退屈な
嫌悪感がある
ねたましい
うらむ

動揺

慌てた
困った
複雑な
どぎまぎした
かき乱された
落ち着かない
ショックを受けた
居心地が悪い
肩身が狭い
歯がゆい
おろおろする
屈辱的な
混乱した
恥ずかしい

疲労

うんざりした
くたくた
やる気が出ない
あきあきした
無力な

NVC 主なニーズリスト

身体的なもの

空気
食べ物
水
住まい
休息
睡眠
活動
運動
安全

平和

調和
平等
公正
交流
リラックス
気楽さ
秩序
予測可能
親しみやすさ

つながり

受け入れられること
認められること
見てもらう
知ってもらう
理解すること
理解されること
あたたかさ
触れ合い
所属・帰属意識
仲間
親密さ
誠実さ
共感
協力
配慮、気づかい

思いやり
感謝
安心
安定
尊重
尊敬
信頼
相互依存
コミュニティー
気の置けなさ
支え、サポート
そこにいる、ある
ありのまま

遊び

楽しみ
笑い
イキイキ
わくわく
ユーモア
発見
冒険
多様性
創造性

意味

貢献
挑戦
達成
使命
自信
命の祝福
明晰さ（クリア）
存在感
効率
希望
学び
成長、進化
参加

流れ（フロー）
美しさ
自己表現
自由
選択
自発性
独立
空間
スペース
余裕
刺激
一貫性
透明性
探究
目的
意味
能力
気づき
嘆くこと
許すこと

---

*このリストは、NVC ジャパン・ネットワークが作成したリストを参考に作られています。

子どもと一緒に遊べる！
NVC「感情とニーズのカード」

家庭内の日々のコミュニケーションの中で、遊びながら楽しく「感情教育」を試みてみませんか。子どもが自分の内側で起こっていることに気づき、それを言葉で表現できる力を身につけることこそ、健康な人間関係を築いていく上で、とても大切なことです。まずは付録の「感情とニーズのカード」でお子さんと一緒に遊びながら学びましょう。

使い方と遊び方

付録の「感情カード」と「ニーズカード」を切り取ります。もし、カードにない「感情」や「ニーズ」があれば、このページの下にある QR コードからダウンロードできるよう、白地のカードも用意していますので、ご自身で書き込んで作ってください。
「ニーズ」という言葉がわかりにくければ、「もっと大切にしたいこと」などと、言い換えてあげてもいいですね。

●感情のあてっこゲーム

「今、どんな気持ち？」「こんなことをもっと大切にしたいのかな？」などとたずねながら、カードを一枚一枚選び、一緒に味わってみます。「ママはどんな気持ちだと思う？」と聞いて、選んでもらってもいいでしょう。

●今日の振り返りゲーム

「今日はどんな一日だった？」「こんな気持ちもあったねぇ」「こんなことを大切にできたね」。寝る前のゆったりタイムに、子どもがカードを引っ張り出してきて、ゲームを楽しみにするようになると、いいですね。

≪大人の一人時間にも≫
大人が一人時間に、ゆっくり内省する時に使用するのも、おすすめです！

プラスαでさらに楽しく！　**心の封筒づくり**

色画用紙などを使って「心の封筒」を作ります。「〇〇ちゃんのこころ」や、ハートの模様を書いたりしてもいいでしょう。その上で、「今日はどんな気持ちが、心の中にあるかなぁ」などと声がけしてカードを出し入れしたり、のぞいてみたりします。子どもと一緒にオリジナルのカードを制作しても、楽しそう！

カードがなくても遊べる！　**心のお天気チェック**

子どもの気持ちを聞き出す、「〇〇ちゃんのお天気チェック」を習慣にしてみましょう。「雨が降ってるかな？」「虹がかかったかなぁ？」　感情は天気と同じように、さまざまに移り変わります。いい悪いはありません。どんな感情もその時々、子ども自身が把握して大切にできるようクセを身につけ、表現力を磨いていく工夫をしてみましょう。

読者特典

こちらから付録5「感情とニーズのカード」をダウンロードすることができます。
https://sgk.me/kiringo
※ダウンロードサービスは予告なく終了することがあります。ご了承ください。

たのしい、うれしい
しあわせ、まんぞく

げんき、いきいきとした

おもしろそう、しりたい
やってみたい

むちゅう、まちきれない
わくわく

くつろいだ、へいわ

ほっとした、あんしん

やさしい、いとおしい

ありがたい
かんしゃしている

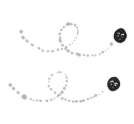

すっきり、さわやか

かんどう、かんしん

ほこらしい

びっくりした
おどろいた

かなしい、さびしい

ざんねん、がっかり

おこっている、むかつく

イライラする、いやだ

こわい、ぞっとする

ふあん、きんちょう

やるきがでない
つかれた

はずかしい

よくわからない
ごちゃごちゃ

こうかいした

うらやましい

うんざり、できない
しかたない

たべもの、みず、いえ

あそび、たのしさ

ふれあい

わらい、ユーモア
おもしろさ

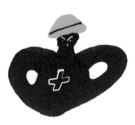

あんぜん、しんらい

きゅうけい、やすみ

じぶんだけのスペース
じかん

リラックス

うんどう
からだをうごかすこと

じぶんできめる、えらべる
じゆう

じぶんでやる
ちょうせんする

じぶんをひょうげんする

たんけん、ぼうけん

まなび

サポートされる
たすけてもらう

やくにたつ
ちからになる

きいてもらう
わかってもらう

りかいする
りかいされる

なかま、ともだち
コミュニケーション

たいせつにされる
そんちょうされる

あたたかさ

きらくさ
じぶんでいること

はっきりしている
クリア

せいちょう
すこやかにそだつ

koko（丹羽順子 にわじゅんこ）

NVC（非暴力コミュニケーション）、瞑想、ブレスワーク、セクシャリティーのガイド。2017年、アメリカ最大のNVCの団体、BayNVC主宰の年間リーダーシップ・プログラムを修了。対面とオンラインでNVC講座を開催している。ヨガとサーフィンを愛し、平和と自然あふれる環境先進国家コスタリカ共和国と日本の二拠点生活中。著書に「『小さいことは美しい』〜シンプルな暮らし実践法」（扶桑社）、「"深い愛に気づく"女性のためのヒーリング〜女性性を輝かせる5つの問いかけ」（ブルー・ロータス・パブリッシング）。1973年、東京都生まれ。

参考文献
・「NVC 人と人との関係にいのちを吹き込む法 新版」(2018)、マーシャル・B・ローゼンバーグ、監訳：安納献、訳：小川敏子、日本経済新聞出版社
・「「わかりあえない」を越える 目の前のつながりから、共に未来をつくるコミュニケーション・NVC」(2021)、マーシャル・B・ローゼンバーグ、訳：今井麻希子、鈴木重子、安納献、海士の風
・ *Raising Children Compassionately, Parenting the Nonviolent Communication Way*, 2005, Marshall B. Rosenberg, PuddleDancer Press
・ *Parenting from Your Heart, Sharing the Gifts of Compassion, Connection, and Choice*, 2005, Inbal Kashtan, PuddleDancer Press

・アメリカに本部を置くCNVC（Center for Nonviolent Communication）では、NVCのトレーナー認定を行なっていて、2024年4月現在、世界におよそ1000名（そのうち日本人は8名）の認定トレーナーがいます。そのほかにも私を含め、たくさんの非認定トレーナーが世界中でNVCを日々実践し、伝える活動をしています。この本の内容についてサポートを提供してくださった、認定トレーナーのみなさん（特に今井麻希子さん）、そしてNVCジャパンネットワークのみなさんの多大なるサポートに感謝します。

・さらに学びを深めたい方、情報を得たい方、仲間とつながりたい方は、NVCを学び伝える人たちの日本のコミュニティー「NVC ジャパン・ネットワーク」へ。NVCの意識によって運営されているあたたかい学びとつながりの場として、多くの仲間たちが集っています。

・対面やオンラインで学びと実践を深める場にも、ぜひ参加してみて下さい。練習仲間ができると、さらに学びがイキイキと深まるので、心からおすすめします。生きたNVCをともに深めていけますように。

koko の個人サイト
http://www.imakoko.org

NVC ジャパン・ネットワーク
http://nvc-japan.net

親と子どもが心でつながる「キリン語」の子育て
NVC 非暴力コミュニケーションワークブック

2024年4月10日初版第一刷発行

著　　者　koko（丹羽順子）
発 行 人　青山明子
発 行 所　株式会社 小学館

　　　　　〒101-8001 東京都千代田区一ツ橋2-3-1
　　　　　電話　03-3230-5685（編集）
　　　　　　　　03-5281-3555（販売）
印 刷 所　TOPPAN株式会社
製 本 所　株式会社 若林製本工場

デ ザ イ ン　濱中幸子（濱中プロダクション）
イ ラ ス ト　竹井晴日　Terra
制　　作　宮川紀穂　木戸 礼　遠山礼子
販　　売　窪 康男
宣　　伝　内山雄太
編　　集　笠井直子